学級経営サポートBOOKS

小6担任 パーフェクトガイド

浅野英樹 著

明治図書

まえがき

「○○先生には，6年生の担任をお願いします」

　次年度の校内人事において，校長からこのように伝えられたら，どのように感じるでしょうか。
　おそらく多くの人は，
　「難しそうだな…」
　「うまくいくかな…」
　「大丈夫かな…」
といった漠然とした不安を抱くのではないでしょうか。それは，私も同じです。
　「6年生」と言えば，「最高学年」「思春期」「反抗期」「学習が難しい」といった様々なイメージが先行し，そういう不安を抱くのだと思います。

　確かに6年生は，学習も難しくなりますし，学校行事においても「学校のリーダー」としての活躍を期待されます。思春期を迎え，心も体も大きく変化していきます。

　しかし，6年生担任を経験するたびに実感するのが，
　「試行錯誤・紆余曲折しながら大人へと成長していく子どもたちと共に，悩んだり考えたりしながら一歩一歩進んでいく中で，最高学年ならでは，最後の一年間ならではのやりがいや充実感，醍醐味を味わうことができる」
ということです。

　6年生の子どもにとって小学校最後の1年間が有意義なものになり，自信と自己肯定感をもって中学校に進学できるように，そして先生方が，6年生

の子どもと充実した毎日を過ごしていけるように，これまでの私の経験をふまえて，6年生への指導・実践を本著にまとめました。

　ただ単に指導・実践を載せるのではなく，一つ一つの指導・実践において，
　「なぜそういった指導・実践を行うのか」
　「その指導・実践の根底にはどのような思いがあるのか」
という「観」（子ども観・教育観・指導観…）にも触れてあります。

　ぜひご自身の「観」に照らし合わせながら本著を読み，先生方の指導・実践のヒントになさっていただければ幸いです。

令和7年3月

浅野　英樹

まえがき

1 子どもの力を伸ばす！
小6担任としての基本姿勢
PERFECT GUIDE

01 小6担任としての「使命」 12

02 小6担任としての「スタンス」 14

03 6年生の子どもとの向き合い方 16

04 自己肯定感の低下とグループ化への対応 18

2 これだけはおさえておきたい！
6年生の指導ポイント
PERFECT GUIDE

01 小6男子との接し方 22

02 小6女子との接し方 24

03 トラブルが起こったときの対応の仕方 26

04 教師と子どもがつながり，子どもと子どもをつなげる 28

05 「6月の荒れ」「魔の11月」を防ぐ 30

06 GW明け・夏休み明け・冬休み明けリスタート 32

CONTENTS

3 新年度準備・スタート
1年間の見通しをもって！

PERFECT GUIDE

01 自分オリジナルの「新年度準備リスト」を作成する 36

02 子どもについての情報を把握する 38

03 ゴールデンウィークまでの準備を進めておく 40

04 初日の流れとポイント 42

05 2日目以降の過ごし方 44

06 ゴールイメージを子どもと共有し，学級目標を考える 46

4 小6学級システム
教師と子どもが一緒につくる！

PERFECT GUIDE

01 子どもと子どもを繋げ，自立を促す学級システム 50

02 当番活動 52

03 係活動（会社活動） 54

04 日直 56

05 朝の会 58

06 帰りの会 60

07 給食 62

08 掃除 66

09 班活動 70

5 子どもの意欲が大きく変わる！ 小６授業システム
PERFECT GUIDE

01 「学習の導入」のポイント 74

02 「発問」のポイント 76

03 「説明と指示」のポイント 78

04 「机間指導」のポイント 80

05 「発表・発言」のポイント 82

06 「学習の振り返り」のポイント 84

07 授業づくりは学級づくり 86

6 プロセスが大切！ ６年生への行事指導
PERFECT GUIDE

01 学校行事の指導の原則 90

02 「入学式」のポイント 92

03 「１年生との交流活動」のポイント 94

04 「運動会」のポイント 96

05 「修学旅行」のポイント 98

06 「音楽会」のポイント 100

07 「委員会・クラブ」のポイント 102

CONTENTS

教師の日常の姿で示していこう！

7 6年生との信頼関係の築き方

PERFECT GUIDE

01 信頼関係は，日常が全て。率先垂範で示そう　106

02 子どもが宿題を忘れた場合の対応　108

03 子どもが忘れ物をした場合の対応　110

04 困ったら，子どもに相談しよう　112

05 「おしゃべりタイム」で子ども一人一人と話そう　114

06 「振り返り日記」で子ども一人一人の気持ちを知ろう　116

07 子どものよさやがんばりを褒める機会を設定しよう　118

08 子どもが納得する叱り方をしよう　120

よさや長所に目を向ける！

8 子ども同士の関係性の構築

PERFECT GUIDE

01 「友達のいいところ探し」を通して，関係性を深めよう　124

02 レクやゲームを行って，友達と楽しく関わろう　126

03 言葉を大切にしよう　128

04 授業で関わりをもたせよう　130

05 友達と関わるクラスのシステム作り　132

06 「クラス遊び」でつながろう　134

07 「班ノート」でつながろう　136

9

悔いのないように締めくくる！

卒業・学級じまい
PERFECT GUIDE

01 「スタートからの目」と「ゴールからの目」　140

02 「卒業までにしたいこと」を子どもに話し合わせる　142

03 卒業までのスケジュール表を作成し，見通しをもつ　144

04 「6年生を送る会」への取り組み方　146

05 卒業に向けてのクラスの取り組み　148

06 学校への奉仕活動　150

07 最後の授業参観（学習まとめの会）　152

08 「卒業アルバム・文集」の作成　154

09 卒業式～準備から本番まで～　156

10 中学校との引き継ぎ　162

CONTENTS

共育を心がけよう！

10 小6保護者対応

PERFECT GUIDE

01 保護者との「共育」を心がけよう 166

02 連絡帳を活用して信頼関係を築こう 168

03 丁寧でこまめな電話連絡を心がけよう 170

04 学級だよりを出して，子どもの様子を伝えよう 172

05 保護者からの意見・クレームへの対応の仕方 174

06 我が子が教師を信頼していることが第一 176

あとがき

子どもの力を伸ばす！

1 小6担任としての基本姿勢

PERFECT GUIDE

PERFECT GUIDE

パーフェクトガイド

 小6担任としての「使命」

> ● POINT ●
> 「小6担任としての使命とは何か」を考えることで，自分の指導・支援の「核」が定まってくる。その「核」を大切にして，子どもへの指導・支援にあたろう。

1 「小6担任としての使命」とは？

　質問です。「小6担任としての使命とは何ですか？」と聞かれたら，どのように答えるでしょうか？考えて，下記に書いてみてください。

〈小6担任としての使命〉

　もちろん，人それぞれの思いがありますので，「これが正解」という絶対解があるわけではありません。しかし，これを考えることで，自分の指導・支援の「核」が定まってきます。私が考える「小6担任としての使命」は，下記の通りです。

〈小6担任としての使命〉
・子ども一人一人にとって，小学校最後の1年間が充実したものになるように指導・支援していくこと。
・子ども一人一人が，自信と自己肯定感をもって中学校に進学できるように指導・支援していくこと。

2 子ども一人一人にとって，小学校最後の1年間が充実したものになるように指導・支援していく

6年生は，6年間にわたる小学校生活の最後の1年間となります。そして，小学校の中では「最高学年」となります。子どもにとっても，この「最後の1年間」「最高学年」という言葉のインパクトは大きなものです。

私も，小学校の頃を振り返ったときに，やはり6年生でのことはよく覚えています。修学旅行で京都・奈良に行ったこと，放送委員会に入っていたこと，社会科で伊達政宗について調べたこと…。

だからこそ思います。「子どもにとって，6年生として過ごす小学校最後の1年間が，後で振り返ったときによい思い出として残り，充実したものになりますように…」と。そのために，子ども一人一人に寄り添いながら，精一杯の指導・支援をしていきたいと思っています。

3 子ども一人一人が，自信と自己肯定感をもって中学校に進学できるように指導・支援していく

6年生は，卒業した後，中学校という新しい環境に飛び込んでいきます。新しい環境に飛び込むとき，誰もが不安や緊張を感じます。私たち大人もそうですよね。そうしたときに，勇気の源となるのが，「自信」と「自己肯定感」です。

中学校という新しい環境に飛び込んだときに，不安や緊張を感じる中でも，「よし，がんばるぞ」「きっと大丈夫」という前向きな気持ちでスタートしてほしいと願っています。

そのためには，6年生の1年間，学級や授業，学校行事などのあらゆる場において，子ども一人一人が自分らしく活躍できる場を設定する。そして，「あなたなら大丈夫」「あなたにはよさがたくさんある」ということをシャワーのように伝えていく。それを繰り返すことで，自己肯定感を高め，自信をもって中学校に進学していってほしいと思っています。

02 小6担任としての「スタンス」

> ●POINT●
> 「おひさま」のように，子どもをいつも温かく照らしていこう。
> そして，「一緒にクラスをつくっていく頼れるパートナー」として
> 子どもと接していこう。

1 担任は，子どもをいつも温かく照らす「おひさま」であれ

　私は，拙書『「小1担任」パーフェクトガイド』において，
「担任は，子どもをいつも温かく照らす『おひさま』であれ」
と述べました。

　このスタンスは，小6担任でも変わりません。

　何物にも分け隔てなく，ぽかぽかと温かい光を絶えず注いでくれるおひさまのように，思春期の入口を迎え，思い悩んだり心が揺れ動いたりする6年生の子どもを温かく受け止め，包んでいく───。

　多感な6年生の子どもにとって，自分もそうした存在でありたいと思っていますし，何年生を受け持ったとしても，学級経営はこのスタンスに尽きると実感しています。

2 「一緒にクラスをつくっていく頼れるパートナー」として子どもと接していく

　先ほど，「思春期の入口を迎え，思い悩んだり心が揺れ動いたりする6年生」と述べましたが，この時期の子どもは，「こうしなさい」「ああしなさい」と大人に指図されるのを嫌がります。指図されるのではなく，「自分で

考えたい」「自分で決めたい」と思っているのです。「あれこれ言われるとやる気をなくす」というのもそこから来ています。反抗期も，ただ無意味に反抗しているのではなく，「自分はこうしたい」「こう考えている」という主張を，「反抗」という形で表しているのです。

　では，「自分で考えたい」「自分で決めたい」と思っている６年生の子どもに対して，担任が「こうしなさい」「ああしなさい」と押さえつけるような指導を続けると，どのようなことが起こるでしょうか。きっと，反抗というわかりやすい形で表れるか，「どうせ何を言っても無駄だ」と自分の気持ちを閉ざしてしまうでしょう（いわゆる「静かな荒れ」）。それでは教師と子どもの信頼関係が築けず，学級経営にも大きな支障をきたします。

　すなわち，６年生担任のもう一つのスタンスとしては，「自分で考えたい」「自分で決めたい」という子どもの思いを尊重し，**「一緒にクラスをつくっていく頼れるパートナー」**として子どもと接していくことです。

　具体的には，学校生活のあらゆる場面において，「子どもが考える」「子どもが決める」機会を多く設定するのです。子どもに，**「～～なんだけど，どうしようか？」「このことについて，みんなはどう思う？何かいいアイディアないかな？」**と聞いたり相談したりするとよいでしょう。子どもは真剣に考え，自分たちで「こうしよう」という方針を導き出すはずです。もちろん，枠を示し，適切なアドバイスや修正は必要です。

　うまくいかなくてもよいではありませんか。うまくいかなかったら，また話し合えばよいのです。トライ＆エラーを経験することで，子どもの力（≒学級力）は伸びていきます。子どもと一緒に素敵なクラスをつくっていくためにも，子どもの「自分で考えたい」「自分で決めたい」という気持ちを尊重していくことが，６年生の担任として重要なスタンスなのです。

03 6年生の子どもとの向き合い方

> **POINT**
> 6年生の子どもとの向き合い方は，「考えさせる」「気付かせる」「よさや価値を感じさせる」ことが基本。変に子ども扱いせず，一人の「人」として尊重して接していこう。

1 この時期の子どもの特徴

　6年生を担任することが決まった先生が，「6年生は難しそうだな…」といった漠然とした不安を抱き，相談に乗ることがあります。「最高学年」「思春期」「反抗期」「学習が難しい」などの様々なイメージから，そういう不安を抱くのだと思います。

　そのようなイメージをもたれることがある6年生には，どのような特徴があるのでしょうか。文部科学省は，「子どもの徳育に関する懇談会『審議の概要』」において，この時期の子どもの特徴を下記の通り述べています。

【学童期（小学校高学年）】
　9歳以降の小学校高学年の時期には，幼児期を離れ，物事をある程度対象化して認識することができるようになる。対象との間に距離をおいた分析ができるようになり，知的な活動においてもより分化した追求が可能となる。自分のことも客観的に捉えられるようになるが，一方，**発達の個人差も顕著になる（いわゆる「9歳の壁」）**。身体も大きく成長し，自己肯定感をもちはじめる時期であるが，反面，**発達の個人差も大きく見られることから，自己に対する肯定的な意識をもてず，劣等感をもちやすくなる時期**でもある。

【青年前期（中学校）】

　中学生になるこの時期は，思春期に入り，親や友達と異なる自分独自の内面の世界があることに気づきはじめるとともに，**自意識と客観的事実との違いに悩み**，様々な葛藤の中で，自らの生き方を模索しはじめる時期である。また，大人との関係よりも，友人関係に自らへの強い意味を見いだす。さらに，親に対する反抗期を迎えたり，親子のコミュニケーションが不足しがちな時期でもあり，思春期特有の課題が現れる。また，仲間同士の評価を強く意識する反面，他者との交流に消極的な傾向も見られる。性意識が高まり，異性への興味関心も高まる時期でもある。

2　6年生の子どもとの向き合い方

　いかがでしょうか。6年生は，子どもにとって困り感や悩みを感じやすい多感な時期であるということがわかります。一緒に過ごす中で，「なかなか行動に移そうとしない」「やる気がないように見える」「イライラして口答えする」など，子どもの様々な様子が見られることと思います。担任からすると決して望ましい姿ではありませんが，私も自分のことを振り返ってみると，確かにそうだったなあと感じます。

　こうした6年生の子どもとの向き合い方は，「怒る」「叱る」ではなく，**「考えさせる」「気付かせる」「よさや価値を感じさせる」**ことが基本です。また，変に子ども扱いせず，**一人の「人」として**尊重して接します。

　6年生は，確かに「難しい時期」ではあると思いますが，言い換えればそれは「大人に向けて心も体も目覚ましく成長する時期」でもあります。

　6年生の担任になった皆様には，教師の予想を上回るほどの大きな成長を見せる子どもとの1年間を楽しんでほしいと思っています。子どもの気持ちを受け止め，信頼し，様々なことを相談しながら，子どもと共にクラスをつくっていきましょう。

04 自己肯定感の低下と グループ化への対応

> ● POINT ●
>
> 　人と比べて悩みや葛藤を抱えている子どもには，「あなたはあなたでよい」という声かけを行おう。グループ化は無理に遮るのではなく，違う角度からアプローチを図ろう。

1 あなたはあなたでよい

　p.16の資料に，「発達の個人差も大きく見られることから，自己に対する肯定的な意識をもてず，劣等感をもちやすくなる時期でもある。」と記載がある通り，この時期の子どもは自分のことを客観的に見ることができるようになり，自分と周りとの違いに敏感になります。大人から見ると，よさがたくさんあるのにもかかわらず，「周りに比べて自分は…」「自分なんて…」と，自分を過小評価して自信をなくし，自己肯定感が低くなることがあります。ひどいときには，それが不登校につながることもあります。6年生を担任したことのある方は，いつも自信がなさそうな子どもや，自分の殻に閉じこもっている子どもと接したことがあるのではないでしょうか。

　6年生担任は，こうした子どもの悩みや葛藤を受け止めて理解し，「人と自分が違うのは当たり前」「あなたはあなたでよい」「あなたにはよいところがたくさんある」という声かけを日常的に行っていくことが重要です。自分と周りとの違いに敏感になる年頃だからこそ，そういった声かけを繰り返し，学級にいる一人一人が認められ，「自分はここにいてよいのだ」と安心して過ごせるような学級の雰囲気をつくっていくことが6年生担任の責務です。

② 「閉ざされたグループ」ではなく「開かれたグループ」

　また，この時期の子どもは，「グループ化しやすい」という傾向があります。これは，客観的な視野が広がり，自分と周りとの違いに敏感になることにより，「みんな仲良し」ではなく，「一緒にいて安心できる友達」「自分のことをわかってくれる友達」を選んで「自分にとっての安全基地」となるグループを作り，その中で多くの時間を過ごすようになるのです。これは大人でも同じであり，健全な成長と言えます。

　しかし，p.17の資料に「仲間同士の評価を強く意識する反面，他者との交流に消極的な傾向も見られる。」と記載がある通り，ややもするとグループに関する様々なトラブルが起きてしまうことがあります。例を挙げると，「グループ同士の対立」「グループの中での仲間外れ」です。一般的には男子よりも女子でその傾向が強いと言えます。「他のグループの子とは仲良くしないでほしい」「あの子よりも私と一緒にいてほしい」など，過度な繋がり・依存による「束縛」の傾向が見られます。

　こうした傾向が見られたら，**「閉ざされたグループ」ではなく「開かれたグループ」づくりを進めていく**とよいでしょう。といっても，そのグループの子どもに「自分のグループだけで固まるのはよくないことだ。他の友達とも仲良くしなさい」とストレートに伝えるのは，状況が変わらないどころか，かえって悪化する恐れがあります。

　手立てとしては，クラスの様々な友達と関わる機会を自然な形で多く設定することです。例えば授業中にペア・グループ学習を取り入れたり，空いた時間にペア・グループになって楽しく取り組むゲームを行ったりします。

　このように，「グループ化」という発達段階における自然な成長を無理に遮るのではなく，違う角度からアプローチを図ることで，様々な友達と関わることのよさを体感し，自分のグループの仲間以外とも屈託なく関われるように支援をしていきます。

【参考文献】

- 浅野英樹著『小 1 担任パーフェクトガイド』明治図書，2019年
- 宇野弘恵著『スペシャリスト直伝！小学校高学年担任の指導の極意』明治図書，2023年
- 文部科学省「子どもの徳育に関する懇談会『審議の概要』」

これだけはおさえておきたい！

② 6年生の指導ポイント

パーフェクトガイド

小6男子との接し方

> **POINT**
> 小6男子の一般的な特徴として,「プライドは高いものの,子どもっぽさ・幼さがある」と言える。その特徴を理解して接することで,信頼関係を築いていこう。

1 小6男子の特徴

　小6男子の一般的な特徴として,「プライドは高いものの,子どもっぽさ・幼さがある」と言えます。

　プライドが高く,「自分はこうしたい」と強く思っているため,周りから「こうしろ」「ああしろ」と一方的・強制的に指図されたり決めつけられたりするのが嫌いです。くどくどと注意されたり,ねちねちと言われたりすると,あからさまに反抗的な態度をとることがあります。

　その一方で,女子に比べて子どもっぽさ・幼さが目立ちます。「女子の方が早く思春期に入る」「男子の察する能力は女子より低い」などと言われますが,実際に小6男子の様子を見るとそれが頷けるでしょう。男子の言動で「小6になっても,男子はおバカだな」と思わず笑ってしまったり,「何でそういうことをしちゃうの」と半ばあきれてしまったりした経験がある先生も多いのではないでしょうか。

　このように,一般的に小6男子はプライドは高いものの,子どもっぽさ・幼さがあり,女子に比べて無邪気で素直でわかりやすいと言えるでしょう。

② 小6男子との接し方のポイント

❶ 頼りにする形でお願いする

「あなたの力を見込んで」「あなたの力を必要としている」という形でお願いをします。例えば掃除でほうき担当の子が休んでいたら，「Ａくん，今日Ｂさんの代わりにほうきをしてくれないかな？ほら，Ａくんすごく上手だから，力を貸してほしいんだ。」といった感じです。Ａくんは「仕方ないなあ」などと言いながらも，いい気持ちで引き受けてくれるでしょう。

❷ 褒める・認める・感謝する

上記のように何かをお願いしたら，うんと褒めて認めて感謝します。驚くのも効果的です。上記の例ですと，「うわー，すごい！めっちゃキレイになってる！Ａくんさすがだなあ！頼んでよかった。ありがとう〜！」といった感じです。きっとＡくんは悪い気はしないでしょう。「先生，俺またほうきやってもいいよ」と自分から言ってくるかもしれません（笑）。

❸ 競争心を刺激する

小学校高学年以降は，テストステロンという戦いや攻撃を好む男性ホルモンの分泌が始まる時期です。この時期の男子は競争心が活発になりますので，それを効果的に活用して接します。例えば，「さあ，これから机の中の片づけをするよ。『１分でどこまできれいにできるか選手権』，よーい，スタート！」といった感じです。「Ａくん，チャンピオン〜！」と称賛しましょう。

❹ 多少のことは流す（教育的スルー）

小6男子のおバカな言動の全てを取り上げてくどくど注意していると，次第にその子との関係がこじれ，クラスの雰囲気も悪くなります。多少のことは流す（教育的スルー）ことも必要です。注意するのではなく，そのおバカな言動を全体の笑いに変えるぐらいの気持ちでいるとよいでしょう。例えば，「Ａくん，授業中にそんなキレキレのボケをかまされると，みんながウケすぎて集中できないから困ります！やめてください！笑」といった感じです。

小6女子との接し方

> **POINT**
> 小6女子は第二次性徴の影響もあり，感情が不安定になりやすい難しい年頃。グループ化も見られるので，接し方や手立てに配慮し，一人一人と良好な関係を築いていくことが重要。

1 小6女子の特徴

　小6女子は思春期に入っており，難しい年頃と言われています。感情の起伏が激しく，なれなれしく話しかけてきたかと思ったら面倒くさそうにしたり，大笑いしたかと思えば激しく怒ったり泣いたりすることもあります。

　その理由として，体と心の大きな変化が挙げられます。思春期は，第二次性徴と同じ時期にあたります。女子は身長が伸び，月経が始まり，女性らしいふっくらした体つきになっていきます。性ホルモンの分泌が高まり，ホルモンバランスの変化が自律神経の働きにも影響を与え，感情が不安定になりやすいと言われています。

　また，自分自身を客観的に見ることができるようになり，自分と周りの人との違いに気付き，心の安定のために自分が安心して過ごせる居場所を探すようになります。それが，いわゆる「グループ化」につながります。

　小6を担任するにあたり，特に男性の先生は，女子との関係性が学級経営の重要ポイントです。一人を頭ごなしに叱ると，その子だけでなく，クラスの女子のほとんどが反抗的な態度をとるようになる恐れもあります。小6女子の気持ちを理解・共感し，良好な信頼関係を築いていきましょう。

② 小6女子との接し方のポイント

❶ 大人の女性と同じように接する

小6女子には，大人の女性に接するのと同じように接しましょう。子ども扱いしたりなれなれしくしたりするのは禁物です。一人の女性として尊重し，配慮とマナーをもって関わります。落ち着いた丁寧な言葉遣いを心がけてください。また，特に男性の先生は見た目にも気を付ける必要があります。服装や髪形など，清潔感のある見た目を心がけましょう。

❷ 気持ちを理解・共感する

例えばAさんがBさんの悪口を言ったとします。悪口を言うのはいけないことですが，まずはAさんの気持ちを理解し，共感することが肝心です。「Bさんに嫌味を言われたから腹が立った」ということならば，「ああ，嫌味を言われたら腹が立つよね」と気持ちを理解・共感するのです。「なんとなく言った」だったら，「そういうことってあるよね」と気持ちを理解・共感するのです。その上で，「でも，悪口を言ったのはよくなかったと先生は思うよ」とIメッセージで伝えるとよいでしょう。

❸ グループ化への対応

グループ化への対応は，p.19を参考にしてください。p.19にも書きましたが，グループ化という発達段階における成長を無理に遮るのではなく，違う角度からアプローチを図り，様々な友達と関わることのよさを体感させ，自分のグループ以外とでも屈託なく関われるように支援をしていきます。

❹ 「全員をひいきする」ぐらいの気持ちで

女子脳は，自分が人から尊重され，共感されることを望んでいると言われます。また，人は自分が信頼している人が言うことならば素直に受け入れるものです。そのためには，「全員をひいきする」ぐらいの気持ちで女子一人一人と接しましょう。振り返り日記やおしゃべりタイム（第7章参照）をして，その子のよさや頑張りをたくさん伝えて，全員を特別扱いしましょう。

03 トラブルが起こったときの対応の仕方

POINT

「よいクラスとは，トラブルが起きないクラスではない。トラブルが起きたときに話し合い，次に生かしていけるクラスだ」という構えを子どもにもたせ，トラブルに対応しよう。

1 トラブルの捉え方

「トラブルはあった方がよいか，それともない方がよいか」と聞かれたら，「そりゃない方がいい」と答えるでしょう。トラブルが起こると，精神的にも時間的にも負担がかかるものです。

しかし，人間が集団で過ごしていく中では，トラブルが起きないということはあり得ません。私たち大人も，様々なトラブルに対処しながら生活しています。

トラブルに対しては，まずは子どもに「トラブルをどのように捉えるとよいか」という「構え」を伝える必要があります。私は自分が受け持ったクラスの子どもに下記のように伝えています。

「よいクラスとは，トラブルが起きないクラスではない。トラブルが起きたときに話し合い，次に生かしていけるクラスだ」

子どもも大人も，トライ＆エラーを経験することで成長していきます。トラブルが起きたら，起きた原因を明確にし，どうすればよかったのかを考え，次に生かしていくことが重要です。子どもがトラブルを「自分たちの成長のチャンス」と捉えるように，日頃から声かけを続けていきましょう。

② トラブルの対応の仕方

❶ 何といっても事実確認（メモをとって当事者にわかりやすく）

「トラブルは初期対応が全て」と言われます。初期対応のまずさで，大きな問題に発展したという事例は枚挙に暇がありません。適切な初期対応を行うためには，何といっても下記のように事実確認が重要です。

・落ち着いて話ができる場所に当事者を呼び，1人ずつ話を聞きながら，時系列にメモをとります。1人に話を聞いているときは，他の子に口を挟ませません。1人に聞き終わったら次の子に話を聞き，事実確認を行います。

・メモを見せ，「『こうして振り返ると，自分はここが悪かったなあ』と思うところはある？」と聞き，謝罪の気持ちを促します。無理矢理ではなく，「トラブルを通して成長しよう」という構えで話を進めていきましょう。

❷ クラス全体に伝える場合は配慮が必要

一部の子どものトラブルがあったときに，それをクラス全員に伝えて考えさせ，当事者だけではなくクラス全体の成長を促すという手立てを聞きます。しかし，思春期の小6でこの手立てを行う場合は，かなりの配慮が必要です。まずは当事者の了解を得ることが大原則です。また，全員に伝えることが不適切なトラブルもあります。伝えることで，当事者がからかわれたり嫌なことを言われたりすることも考えられますので，配慮に配慮を重ねましょう。

❸ クラス全体に関わるトラブルならばクラス会議で話し合う

クラス全体に関わるトラブルは，「クラス会議」を開いて話し合うことをおすすめします。クラス会議とは，子どもがクラスの諸問題に対してその解決策を考える会議です。例えば「掃除中の態度が悪い」「帰りの会がすぐに始まらない」などの話し合いたい議題を子どもが自ら出し，それらの議題の解決にクラス全員で向き合います。教師が交通整理をするのではなく，子どもが話し合って解決策を導くことに一番の価値があると考えています。クラス会議に関する著書はたくさん出ていますので，ぜひ手に取ってみてください。

教師と子どもがつながり，子どもと子どもをつなげる

> **POINT**
> 「教師－子ども」の関係性を縦糸，「子ども－子ども」の関係性を横糸とする。縦糸に横糸が合わさって織物ができあがるのと同じような考え方で学級経営を捉えていこう。

1 織物モデルとは

　「織物モデル」という言葉を聞いたことはあるでしょうか。「織物モデル」とは，北海道の横藤正人氏が提唱された，学級経営の考え方を示したモデルです。

　織物モデルでは，学級における「教師－子ども」の関係性を縦糸，「子ども－子ども」の関係性を横糸とします。しっかりと張られた縦糸に，様々な彩りを出す横糸が合わさって織物ができあがるのと同じように学級経営を捉えていくという，担任にとってわかりやすくかつ指標となる考え方です。

2 縦糸を張る（教師－子ども）

　4月に子どもと出会ったら，教師はまず何よりも子どもとの間にしっかりと縦糸を張っていくことが重要です。

　具体的には，子どもに「先生とみんなは立場が違う」ということを説明し，理解させます。「先生はみんなを守る責任がある。そのために，みんなを指導・支援する立場にある。すなわちみんなは先生に指導・支援を受ける立場にある」ということを伝えていきます。

その上で，子ども一人一人と良好な信頼関係を築けるよう様々な手立てを打っていきます。信頼関係を築くための手立てについては，第7章を参考にしてください。信頼関係を築けば築くほど，縦糸が強靭になっていきます。

しかし，縦糸を張るだけでは学級経営は成り立ちません。子どもが言うことを聞かなかったり反抗したりして学級が機能不全に陥っているという事例をよく耳にします。その理由として，縦糸を張ることばかりに重きを置いていることが挙げられます。学級経営においては，縦糸を張るのと並行して，「子ども－子ども」の横糸を張っていくことが重要です。

③ 横糸を張る（子ども－子ども）

教師は縦糸を張るのと並行して，学校生活のありとあらゆる場面で横糸を張る手立てをとっていくことが必要です。すなわち，子ども同士がつながる機会を多く設定し，つながる喜びを感じさせるのです。具体的な手立てについては，第8章を参考にしてください。

横糸を張るのは，とても時間がかかります。日々こつこつと繰り返し行うことで，少しずつ効果が出てくるものです。一朝一夕にはいきません。その効果が表れてくるまで，根気強く続けていくことが必要です。

根気強く続けていくと，横糸は強く太くなっていきます。6年生の子どもが織り成す横糸は，教師の想像を超えるほど鮮やかになり，様々な彩りが出ます。その状態まで来ると，縦糸は目立たなくなっているように見えますが，目立たないだけで，なくなったのではありません。しっかりと縦糸が張られているからこそ，横糸は縦糸と合わさって鮮やかな彩りを出すのです。

このように，小6の学級経営にあたっては，「織物モデル」における縦糸と横糸の考え方が一つの指標となることでしょう。

05 「６月の荒れ」「魔の11月」を防ぐ

POINT

「６月の荒れ」「魔の11月」を防ぐために，「６月と11月は子どもの荒れや乱れが目立つ時期である」と理解・想定し，早め早めに手立てを打っていこう。

1 「６月の荒れ」「魔の11月」とは

「６月の荒れ」という言葉を聞いたことがあるでしょうか。６月は子どもの荒れや乱れが表面化してくることから，そのように言われています。その理由として，梅雨に入って外で遊べずストレスがたまることや，スタートから２か月が経ち，慣れや気の緩みが生じてトラブルが起きやすくなることや，６月は目標となる学校行事がないことなどが挙げられます。

また，「魔の11月」という言葉もあります。６月と同様に11月は子どもの荒れや乱れが目立ち，トラブルが多発することから，そのように言われています。これまでの人間関係のこじれがより深刻化したり，学級全体のコントロールが難しくなったりするという恐れもあります。

担任をしていて，実際に「６月の荒れ」と「魔の11月」を実感したことがある方も多いでしょう。では，どのように防いでいけばよいのでしょうか。

2 「６月の荒れ」「魔の11月」を防ぐポイント

①まずは，「６月と11月は荒れが目立つ時期である」ということを，教師自身が理解し，想定しておくことが大切です。想定しておくと，そうならな

いように前もって意識し，早め早めに手立てを打つことができます。

②こうした荒れの原因は，実は教師自身にもあります。例えば，これまで一つ一つのことを丁寧に伝えていたのに，だんだんと説明が雑になってきてはいないでしょうか。また，これまで誉め言葉や認め言葉を多く使っていたのに，だんだんと叱り言葉や冷やし言葉が多くなってきてはいないでしょうか。「教師が最大の教室環境」という言葉の通り，クラスの雰囲気は担任の「鏡」とも言えます。よって，**「クラスのここを改善していきたい」というところは，教師が自分の姿で手本を示していくことが必要**です。荒れを防ぐために，率先垂範を心がけていきましょう。

③「荒れ」への特効薬は実はありません。**日常（生活面・学習面）を大切にしていくことが何より大切**です。生活面においては，あいさつや返事，整理整頓，時間を守ることなど，継続的に指導していることの価値やよさを繰り返し子どもに伝え，できている子を褒めたり認めたりしていきます。もちろん教師も率先垂範していきます。学習面においては，「学習の見通し（ゴール）を示す」「自力解決で手応えをつかませる」「学び合いや話し合いを取り入れる」「振り返りの時間を取り，学んだことや自分の伸びを確かめる」などの手立てを効果的にとり，子どもが「わかった！」「楽しい！」と感じる授業づくりを心がけます。

④荒れの理由の一つに，「6月と11月は目標となる学校行事がない」ということが挙げられます。それならば，楽しいイベントをクラスや学年で計画するとよいでしょう。実行委員を組織し，「学年スポーツ大会」「得意なこと・好きなこと発表会」など，アイディアを募集し，目標をもたせて子ども主体で実施するのです。また，子どもの荒れや乱れが目立つ11月だからこそ，子どもの気持ちや思いを知り，寄り添うことが大切です。p.114の「子どもとのおしゃべりタイム」やp.116の「振り返り日記」などを通して，子どもとたくさん対話しましょう。

06 GW 明け・夏休み明け・冬休み明けリスタート

> ● POINT ●
> 　時の節目には，人を変える力がある。どのリスタートにおいても，子どもが「よし，新たな気持ちでまたがんばろう」と前向きな気持ちになるように手立てを打とう。

1 時の節目には，人を変える力がある

　「時の節目には，人を変える力がある」と言います。4月から始まり3月で終わる1年間。始業式から卒業式まで駆け抜けていくわけですが，その中で時の節目となるリスタートが3回あります。ゴールデンウィーク明け・夏休み明け・冬休み明けです。

　どのリスタートにおいても，子どもが「よし，新たな気持ちでまたがんばろう」と前向きな気持ちになるようにしたいものです。そのためのリスタートのポイントを見ていきましょう。

2 リスタートのポイント

❶ 笑顔で温かく迎える

　どのリスタートにおいても，「久しぶりに会えて嬉しいよ」と子どもを笑顔で温かく迎えましょう。6年生は思春期に入っており，表面上は照れるかもしれませんが，内心はそう思えてもらえると嬉しいものです。子どもが「今日からまたがんばろう」という気持ちになるように接しましょう。

② 子どもが楽しく関われるアクティビティを行う

リスタート初日が楽しい一日になると，「休みも楽しかったけれど，学校もなかなか楽しかったな。明日からまたがんばろう」という気持ちになります。リスタート初日は何かと忙しいとは思いますが，子どもが楽しく関われるアクティビティを行うとよいでしょう。

〈アクティビティの例〉

・ゴールデンウィーク明け…「ゴールデンウィークの思い出インタビュー」
・夏休み明け…「夏休みにしたことビンゴ」「夏休み○×クイズ」
・冬休み明け…「冬休みの思い出書き初め」「先生おみくじ」

③ 子どもの動きがよくないときは

リスタート明けの子どもは，どことなく地に足がついておらず，気持ちがふわふわしているように見えます。それは，学校生活とは違ってそれぞれの家庭のリズムで長期間過ごしていたので当然です。子どもだけでなく，私たち教師もそれは同じでしょう。

リスタート明けに動きがよくないからと言って，「前はできていたよ！」「もう忘れたの！？」と場を冷やす言葉を言うのではなく，**「じゃあもう一度確認しようか」と教師がどっしりと受け止め，4月の最初に戻ったつもりで，一つ一つのやり方やそのよさを丁寧に子どもと確認していきましょう。**怒ったり突き放したりする必要はありません。

④ リスタート明けはクラスを立て直すチャンス

クラスがうまくいっていない場合は，リスタート明けが立て直すチャンスです。学級目標とゴールイメージを子どもと共有し，教師の思いや願いを語り，価値やよさを伝え続けながら，褒め言葉と認め言葉を主体にして子どもと接していきましょう。時の節目に人を変える力があるのは，教師も同じです。

【参考文献】

• 赤坂真二著『小学校高学年女子の指導』学陽書房，2015年

• 赤坂真二著『いま「クラス会議」がすごい！』学陽書房，2014年

• 赤坂真二著『クラス会議入門』明治図書，2015年

• 横藤雅人・野中信行著『必ずクラスがまとまる教師の成功術！』学陽書房，2011年

1年間の見通しをもって！

③
新年度準備・スタート

パーフェクトガイド

自分オリジナルの「新年度準備リスト」を作成する

> **POINT**
> 新年度準備は時間がない中で膨大な仕事がある。子どもといい出会いをするためにも，自分オリジナルの「新年度準備リスト」を作成し，見通しをもって仕事をしよう。

1　見通しをもてないままやみくもに仕事をすると…

　例えばマラソンを走るとき，何km走るのかわからない状態でスタートすると，「一体何km走るの？」と不安な気持ちになることと思います。「5km」「10km」など，何km走ればよいかわかっているからこそ，ゴールに向けて自分のペースで走っていけます。

　新年度の仕事もこれと似ています。新年度は，始業式まで日がない中で，膨大な量の仕事があります。ましてや6年生は入学式準備や1年生のヘルプ，委員会活動など，他の学年にはない特別な仕事も入ってきます。

　そんな中，見通しをもてないままやみくもに仕事をすると，優先順位を間違えてしまって焦り，疲れ果てて仕事をすることになったり，肝心の子どもとの出会いの準備が不十分…ということになったりします。

　そうならないよう，**仕事をリストアップして優先順位を決め，見通しをもって仕事をしていくことが新年度準備のポイント**です。そのためにおすすめするのが，自分オリジナルの「新年度準備リスト」を作成することです。このリストがあるのとないのとでは，新年度初日からの動きが大きく違います。

② 「新年度準備リスト」の作り方

①まずは「クラス関係」「学年関係」「学校関係」「校務分掌関係」というふうに項目を決め，思いつくままに仕事を書き出していきます。「クラス関係」は，子どもとの出会いそして始業式から1週間ぐらいの動きをイメージするとよいでしょう。書籍やインターネットでも新年度準備リストの例が多く出ていますので，そちらも参考になります。

②リストを見て，学年の先生と相談しながら，優先順位の高いものから取り組みます。そして，例えば「ドリル・ノート等の教材選定・注文」を行った際は，「届くまでに日数がかかるので，必ず初日に注文する」というふうに説明を加えていきます。一年経つと「これ，どうしてたっけ？」と忘れてしまうことが多いので，こうして説明を加えておくと来年度の自分が動きやすくなります。**このようにして作ったリストは，来年度以降どの学年を受け持つことになっても，少し修正すれば活用できるものとなります。**

クラス関係	学年関係	学校関係	校務分掌関係
○教室の掃除	○教材選定・注文	○職員名簿提出	※体育主任の場合
○学級システム検討	○指導要録等の仕分け	○校務分掌学年分担提出	○体育科年間指導計画作成
（係・当番・給食・掃除）	○学年目標検討	○学年教材注文一覧表提出	○ボール・長縄配当
○名前シール作成	○学年だより作成	○児童名簿提出	○運動場・体育館配当
（机・椅子・靴箱等）	○学年内分担決定	○職員集合写真撮影	○体育委員会計画作成
○座席表作成	（各行事・教科・会計等）	○児童の引き継ぎ	○体育用具等の確認
○初日の流れ確認	○1年生との交流打ち合わせ		○運動会提案作成
○出会いの言葉作成			
……	……	……	……

〈「新年度準備リスト」の見本〉
※上記は一例です。こちらにどんどん説明を加えていきます。

02 子どもについての情報を把握する

> **POINT**
> 　子ども一人一人に対して適切な指導・支援を行うために，様々な情報（特に身体面や特別支援等の配慮すべき事項）を確実に把握しておこう。

1 情報を把握しておくことのよさ

　例えばあなたが監督を務めているサッカーのチームが大事な試合をするとしたら，どういう準備を行うでしょうか。きっと相手チームの研究・分析を行い，「相手チームのこの選手にはこういう特徴がある」「この選手はここに気を付ける必要がある」と把握した状態で試合に臨むことと思います。

　子どもとの出会いでも同じことが言えます。**子どもとの出会いにあたり，一人一人についての情報を把握しておくことで，「こういう感じの子かな」「こういうことがあるかもしれないな」と想定し，「こういう手立てを考えておこう」と，指導・支援の見通しを立てることができます。**

2 配慮すべき事項の把握

　まず確実に把握しておきたいのは，下記のような配慮すべき事項です。
- **家庭環境**…母子家庭・父子家庭・ネグレクト等
- **身体面**…病気やアレルギー等の配慮事項，処置の仕方，かかりつけ医等
- **特別支援**…自閉症や ADHD，場面緘黙等
- **学習面での困難さ**…ディスレクシア，計算，漢字等

・子ども同士のトラブル・人間関係…これまでの事例

・親同士のトラブル…これまでの事例

　これらの情報を，前担任と引き継ぎをしたり，学級編成の用紙を読んだり，指導要録を読んだりして把握しておきます。

　ただし，子どもを決めつけてかからないようにくれぐれも気を付けましょう。これまでの情報は，あくまで「過去のもの」です。**大事なのは自分の目でしっかりとその子を見て，話したり接したりして，気持ちを受け止めること**です。環境が変われば人は大きく変わります。これまでの情報を把握するのは，その子にレッテルを貼るためではありません。その子にとって適切な指導・支援を行うためであるということを肝に銘じておきましょう。

③　子どもと出会った後に…

　子どもと出会った後におすすめなのは，下記のようなプリントを子どもと保護者それぞれに配付することです。子ども側と保護者側の両方から貴重な情報を得ることができ，今後の指導に役立ちます。

「あなたのことを教えてね」	「お子さんのことを教えてください」
①好きなこと（　　　　　　　　） ②苦手なこと（　　　　　　　　） ③習い事や塾（　　　　　　　　） ④先生に知っておいてほしいこと （　　　　　　　　　　　　　） ※知りたい内容を記載し， 　情報を集める。	指導にあたり，配慮してほしいこと，知っておいてほしいこと，これまでの特徴的なエピソード等ございましたらお知らせください。
子どもあて	保護者あて

03 ゴールデンウィークまでの 準備を進めておく

> **POINT**
> 4月は，学級づくりにおいてとても重要な1カ月である。だから
> こそ，見通しをもって計画的に過ごすために，ゴールデンウィーク
> までの準備を進めておこう。

1 なぜゴールデンウィークまでの準備を進めておくのか

　新年度準備だけで目が回るぐらい大変なのは百も承知なのですが，あえて
書きます。ゴールデンウィークまでの約1カ月の準備（特に授業）を進めて
おくことをおすすめします。4月は，学級づくりにおいてとても重要な1カ
月です。だからこそ，見通しをもって計画的に過ごしたいものです。**教師に
ゆとりがあることで，肝心な子どもへの接し方にもよい影響が出ます。**

　最初の区切りであるゴールデンウィークまで乗り切れば，そこでまとまっ
た時間がとれます。ですので，大変だとは思いますが，ゴールデンウィーク
までの約1カ月の準備を進めておきましょう。

2 何と言っても授業の準備

　特に準備を進めておいた方がよいのは，何と言っても授業です。授業の準
備が終わっていると，気持ちがとても楽になります。また，6年生の子ども
は，これまでの経験から，「この先生の授業はおもしろい」「授業が上手」な
どと冷静に分析しているものです。「授業で勝負」「授業で学級づくり」「子
どもが学校で一番長く過ごす時間は授業」といった言葉の通り，一年間のよ

いスタートを切るためにも,まずは授業の準備に取り掛かりましょう。

具体的には,国語・算数・理科・社会・体育・総合・道徳など,自分が受け持つ全ての教科の教科書や指導書を読み,ゴールデンウィークまでにどのような学習を行うのか把握し,教科ごとに授業の計画を立てていきます。

私は「授業ノート」を用意し,1時間ごとの学習問題や発問,板書等を,自分が授業をしやすいようにどんどん書き込んでいきます（下記参照）。ワークシートや掲示物等,準備物が必要な場合はそれも作成しておきます。

授業ノート（国語）

3 学校行事の準備・見通しも

授業の準備の他に,準備を進めておいた方がよいのが,学校行事です。

「入学式」「1年生を迎える会」「1年生のサポート」「家庭訪問」「学級懇談会」「全校遠足」「学年集会」など,自分が常に持ち歩くノートに主な行事を洗い出し,それに向けて「どういうことを行うのか」「何を準備すればよいのか」などを書き出します。そして,それに沿って準備を進めていきます。

# 04 初日の流れとポイント

> **POINT**
> 子どもが「楽しい１年間になりそう！」「明日も学校に行くのが楽しみ」と感じ，これからの学校生活に期待をもつために，「初日の流れ」と「シナリオ」を作成して，落ち着いて初日に臨もう。

1 「初日の流れ」を作成し，携帯する

　始業式当日。子どもとの初めての出会いを迎える特別な日です。期待もありつつ，「無事に終わるかな」「何か不備はないかな」と，どうしても不安な気持ちになったり焦ったりしてしまうものです。

　しかし，教師の気持ちに余裕がないと，肝心の子どもとの出会いに悪影響が出ます。例えば，「クラスの子どもが怪我をした」「具合が悪くなった」といった不測の事態が起きた場合，あたふたと対応してしまうことになりかねません。教師がそれでは，子どもも落ち着かず不安な気持ちになります。特別な日だからこそ，気持ちに余裕をもち，落ち着いていたいものです。

　そのためにおすすめするのが下記の２つです。
①「初日の流れ」を作り，いつでも確認できるように携帯しておくこと
②「出会いで子どもに伝えること」のシナリオを書いておくこと

2 「初日の流れ」を作り，携帯しておく

　「初日の流れ」を作る際のポイントとしては，
・初日に行うことを，登校から下校まで時系列で書き出す

・時系列で書き出したものに，ポイントや注意点などを書き込んでいく

ということです。完成したら，前日や当日の朝に読み返して流れの確認をします。そして，当日は常に携帯しておきます。これを持っておくだけで，安心感が違います。少なくとも，次に何をすればいいかわからずに焦ることはありません。ぜひ試してみてください。

③ 「出会いで子どもに伝えること」のシナリオを書いておく

　出会いで子どもに伝えることとしては，「教師の自己紹介」「教師の願い（学級の方向性やルールなど）」があります。「こういうことを話そう」と思っていても，頭で考えているだけでは，いざその場になるとうまく伝えられないことがあります。「黄金の３日間」という言葉がある通り，初日は子どもが教師の話をしっかりと聞いてくれる絶好のチャンスです。話のシナリオを作っておき，自信をもって子どもに願いを伝えられるようにしておきましょう。シナリオを見ながら話してもよいと思います。

　先生は，「誰にとっても居心地がよく，ほっと安心できるクラス」を作りたいと考えています。そのために，みんなに大切にしてほしいことがあります。それは，「思いやり」です。「思いやり」という言葉はよく聞く言葉ですが，どういう意味なのかわかりますか？（子どもに聞く）…続く

初日のシナリオの例

　いずれにせよ，初日の最大のポイントは，**子どもが「楽しい１年間になりそう！」「明日も学校に行くのが楽しみ」と感じ，これからの学校生活に期待をもつこと**です。そのためにも「初日の流れ」と「シナリオ」を作成し，準備万端で落ち着いて臨みましょう。

05 2日目以降の過ごし方

POINT

　最初は子どもにいきなり任せるのではなく，教師がイニシアチブをとり，ムードメーカーとなって，あたたかい雰囲気の中で学級の雰囲気やルールを子どもとつくっていこう。

1　2日目以降に行ってほしいこと

　初日が終わってほっと一安心したのもつかの間。息つく間もなく，翌日から学校生活が本格的に始まります。そこで，2日目以降にぜひしてほしいことがあります。それは，「登校して教室に入ってくる子どもを笑顔で迎える」ということです。

　6年生とは言え，新しい環境でのスタートは，大人が思っている以上に不安を感じている子もいます。子どものそうした不安を安心に変えるのが担任の役目です。担任が先に教室にいて，「おはよう，〇〇さん」と笑顔で挨拶をし，一人一人をあたたかく迎えましょう。

2　子どもへの接し方

　河村（2010）は，この時期の学級集団の発達段階を「第1段階　混沌・緊張期」と位置付け，「学級編成直後の段階で，子ども同士に交流が少なく，学級のルールも定着しておらず一人一人がバラバラの状態」「集団への所属意識も低い」「学級集団は堅苦しい雰囲気」「無秩序の状態」と説明しています。読者の皆様も，この説明に頷けるところが多いのではないでしょうか。

最高学年の６年生も，最初はこうした状態からのスタートになります。だからこそ，**子どもにいきなり任せるのではなく，教師がイニシアチブをとり，ムードメーカーとなって学級の雰囲気やルールをつくっていくことが大切**です。教師がイニシアチブをとる中で，子ども同士を適切につなげていくのです。

そして，何より子どもを褒め，認めます。感謝します。「学校に来てくれてありがとう」「挨拶してくれて嬉しいよ」というふうに，言葉に出して伝えます。注意するときは，「あなたのことは信じているけれど，あなたの今の発言は先生は嫌だな」とＩメッセージで伝えます。どうしてこちらがそう思っているのかも説明し，その子の気持ちを受け止めて納得感を高めます。

このように，始まりのこの時期こそ，子どもに望む言葉使い・行動・雰囲気などについて，教師が率先垂範することが大切です。教師があたたかい雰囲気をつくり出し，子どもと話し合いながら学級づくりを進めていきましょう。

③ ２日目以降，早急に整えること

２日目以降，主に下記のようなクラスのシステムを早急に整えていくことが必要になります。

- ・係活動
- ・当番活動
- ・給食の仕方
- ・掃除の仕方
- ・日直の仕事
- ・朝の会と帰りの会の進め方
- ・宿題や提出物の出し方
- ・連絡帳の書き方
- ・休んだ子への対応の仕方

目安としては，新年度３日目までになんとか活動できる状態にし，その後の１週間で軌道に乗せていく感じです。一つ一つのポイントは第４章で詳しく説明してありますので，ご覧ください。子どもの思いや意見を聞き，納得感を大切にして整えていきましょう。

06 ゴールイメージを子どもと共有し，学級目標を考える

> **POINT**
>
> クラスは，教師と子どもで協力・連携してつくっていくもの。教師と子どもでゴールイメージを共有し，ゴールイメージを「学級目標」という形にしよう。

1 ゴールイメージを子どもと共有する

　6年生を担任するにあたり，「卒業を迎えるときにこういうクラスになっていてほしい」という「ゴールイメージ」をもっているでしょうか。「こうなりたい」という目標があるからこそ，それに近づいていけます。ゴールイメージをもち，そのための手立てを打っていくことで，一つ一つの手立てが「線」となり，ゴールイメージに向かってつながっていきます。

　クラスをつくるのは教師だけではありません。**クラスは，教師と子どもで協力・連携してつくっていくものですので，教師と子どもでゴールイメージを共有することが大切**です。そのために，子どもの思いや意見を吸い上げ，子どもとよく話し合い，ゴールイメージを「学級目標」という形にしましょう。

2 「絵に描いた餅」にならないように

　年度当初にゴールイメージを子どもと共有して学級目標を考えたとしても，そのまま何もしないと意識が薄れ，「絵に描いた餅」になってしまいます。学級目標は次のように折に触れて子どもと確認する必要があります。

・毎日の朝の会で学級目標を声に出して言う
・毎日の帰りの会で，学級目標に沿って１日を振り返る
・学級だよりで学級目標について触れ，子どもの意識を高める
・運動会や修学旅行などの学校行事において，「この行事を通して学級目標に近付くにはどうすればよいか」という観点で話し合い，目標を決める
・学期終わりなどの時の節目において，学級目標について全体で振り返る

　下記は，私が担任した６年生のクラスで，学級目標が決まった際に学級だよりに書いた文章です。このとき子どもと考えた学級目標は，「笑顔！協力！一生懸命！」でした。

新年度準備・スタート

> 　みんなは，「６年１組」という船に乗り込み，港から離れました。これから１年間の大航海に出発したのです。１年間，船を変えることはできません。一緒の船に乗り込んだみんなと先生で協力して，船を目的地に向けて進めていくのです。その目的地となるものが，「クラスの目標」です。目的地（目標）がないと，船（クラス）はどちらをめざして進んでよいのかわからず，大海原で右往左往してしまいます。みんなは，「笑顔！協力！一生懸命！」という目的地をしっかりと決めたので，今「６年１組」という船はその目的地をめざして航海を始めることができました。
> 　１年間の航海は長いです。時には嵐（トラブル）に遭うかもしれません。そんな時は，みんなで心を一つにして，その嵐を乗りこえましょう。時には乗組員（みんな）の誰かが深く悲しみ，落ち込むことがあるかもしれません。そんな時は，一緒の船に乗っているみんなが，その人のことを思いやり，助け，支えていきましょう。
> 　これから１年間，どんな時も，同じ船に乗り込んだ仲間のことを大切に思い，目的地（目標）に向けて，支え合って進んでいきたいと思います。先生も，精一杯のことをやりますね。

【参考文献】

- 向山洋一著『黄金の三日間がクラスの一年間を決める』教育技術新書, 2019年
- 河村茂雄「教育的相互作用の高い学級集団の発達段階と教師の指導行動の関係の検討」学級経営心理学研究, 2013年
- 大前暁政著『本当は大切だけど, 誰も教えてくれない学級経営42のこと』明治図書, 2020年

教師と子どもが一緒につくる！

④ 小6学級システム

パーフェクトガイド

子どもと子どもを繋げ，自立を促す学級システム

> **POINT**
> 小6学級システムは，子どものこれまでの経験を生かし，子どもの思いや願いを吸い上げながら決めていくのが基本線。学級システムを通して，子どもと子どもを繋げ，自立を促そう。

1 学級システムの目的

　学校生活を円滑に過ごすためには，学級システムの構築が欠かせません。「宿題はどのタイミングで，どのように提出するのか」「朝の会の開始までに終わらせておくことは何か」「朝の会はどのように進めるのか」「次の授業の準備はどのように行うのか」「給食は」「掃除は」「係活動は」「当番活動は」など，登校してから下校するまで，学級システムを一つ一つ整えていく必要があります。学級システムが整っていれば，たとえ教師が休んだとしても，右往左往せず子どもだけで過ごすことができます。

　しかし，一日を円滑に過ごすことだけを目的に学級システムを整えるのは，もったいないです。学級システムこそ，6年生の子どもが創意工夫し，アイディアを反映させることができるところです。クラスの雰囲気づくりにも直結します。**学級システムをどのように構築していくかが，学級風土づくりの鍵**と言えます。

　私は，「**子どもと子どもを繋げ，自立を促すこと**」を目的に，学級システムを子どもと一緒に構築しています。学級システムを通して子ども同士が関わり，お互いの個性を理解し認め合う。そして，「こういうふうにすればいいんじゃないかな」「こういう活動をしてみようよ」と，自分たちの力でク

ラスをよりよくしていこうとする。学級システムを通して，そういう子ども
の姿を見たいと考えています。

　読者の皆様は，どういったことを目的に学級システムを整えていきますか。

② 学級システムの整え方

　6年生の子どもは，これまでの5年間の小学校生活で，様々な学級システ
ムを経験しています。例えば朝の会一つ取っても，日直は1人なのか2人な
のか，どのようなプログラムを入れるのか，プログラムのどれを子どもが担
当するのかなど，様々なやり方を知っています。それらの経験を生かさない
手はありません。子どもに聞けば，教師が考えつかなかった案が出てくるこ
とがあります。

　すなわち，小6の学級システムの整え方は，**「子どものこれまでの経験を
生かし，子どもの思いや願いを吸い上げながら決めていく」**ことが基本線で
す。

　しかし，全てを子どもに任せるわけではありません。特に年度初めは集団
として「混沌・緊張期」にあたります（p.44参照）。だからこそ，はじめは
教師がイニシアチブをとり，話し合いの舵取りをしていきます。そして，ク
ラスの成熟度に応じて，子どもに任せる割合を徐々に高めていくとよいでし
ょう。

　もちろん，「先生はこう思うよ」「こういうふうになってほしいんだ」とい
う教師の思いや願いは遠慮せずにその都度伝えていきます。**クラスは教師と
子どもが共につくっていくものなのですから。**

02 当番活動

> **POINT**
>
> 　当番活動は，「クラスで生活する上でなくてはならない活動」である。最初は子どもと一緒に当番活動を考える形をとり，様子を見てレベルアップを図りたい。

1　当番活動とは

　当番活動とは，「クラスで生活する上でなくてはならない活動」のことを指します。すなわち，みんながクラスで円滑に過ごしていくための仕事を，全員で分担して行っていくのです。それをしないとみんなが困ってしまうので，責任を伴う大切な活動です。

　当番活動の主なものとしては，「給食当番」「掃除当番」「クラスに関わる様々な当番」が挙げられます。給食当番は p.62，掃除当番は p.66で説明しますので，ここでは「クラスに関わる様々な当番」に焦点をあてて見ていきましょう。

2　クラスに関わる様々な当番活動の決め方

①まずは上記の通り，「当番活動とはどういうものか」という定義を子どもに説明します。

②どういうものがクラスの当番活動として必要なのか，子どもと一緒に考えます。この「子どもと一緒に考える」というのが自立に向かうポイントです。考える際の規準は，定義通り「クラスで生活する上でなくてはならな

4 「小6学級システム」パーフェクトガイド　53

い活動」（それをしないとみんなが困ってしまうもの）です。例えば「手
紙係（学校から配付される手紙を取りに行く）」や「配り係（集めた宿題
やノートを配る）」などが出てくるでしょう。

③②で考えた当番活動に，一人一人役割を割り振っていきます。当番活動の
数によっては，「手紙係…5人」「配り係…6人」というふうに複数人にな
ると思います。そのメンバーでどのように行っていくのかを相談します。
　　・例1…曜日ごとに交代して一人ずつ行う。
　　・例2…AとBの2チームに分かれて，隔日で行う。

④当番ごとに，メンバーと役割表などを記入したポスターを作ると，「誰が」
「いつ」「どのような仕事を行うのか」がわかり，便利です。

３　レベルアップを図る

　年度初めは先述したような形でよいと思いますが，最高学年の6年生です
ので，当番活動においても実態を見てレベルアップを図りたいものです。
「決められているからやる」という状態から，**「自分からやる」**という状態に
意識改革を図りましょう。レベルアップの例を一つ示します。

〈みんなでボランティア〉

　当番活動を決めずに，気付いた子が率先して動きます。

　例えば配るものがたまっているのに気付いたら，気付いた子は「ノート配
りまーす！」とみんなに言います。それを聞いた子たちは，全員でその子に
向かって「ありがとう！」とお礼を言います。

　同じように，例えば黒板が汚れているのに気付いたら，気付いた子は「黒
板消しまーす！」とみんなに言います。それを聞いた子たちは，全員でその
子に向かって「ありがとう！」とお礼を言います。

　このように，気付いて動いた友達にお礼を言うことで，クラスのために動
くことのよさや価値，気持ちよさが全体に広がっていきます。

小６学級システム

# 03 係活動（会社活動）

> **POINT**
> 係活動（会社活動）は，「なくても問題はないけれど，行うことでクラスがよりよくなる活動」である。この定義を押さえた上で，子ども同士で協力して創意工夫しながら取り組もう。

1 係活動とは

　係活動とは，「なくても問題はないけれど，行うことでクラスがよりよくなる活動」のことを指します。すなわち，「どうすればクラスがもっとよくなるか」「もっと楽しくなるか」ということを子どもが考え，友達と協力して創意工夫しながら取り組んでいく活動です。

　係活動と似ている活動として，「会社活動」があります。係活動と会社活動は，同じような定義と捉えてよいでしょう。私は，「会社活動」というネーミングにした方が，子どものわくわく感を引き出せますので，「係活動」ではなく「会社活動」として子どもに提案しています。

2 係活動（会社活動）の決め方

①まずは上記の通り，「係活動（会社活動）とはどういうものか」という定義を子どもに説明します。**この定義をしっかりと押さえることが重要**です。あくまで「クラスをよりよくするための活動」ですので，「自分たちだけが楽しい活動」はふさわしくありません。

②定義をふまえ，どういうものがクラスの係活動（会社活動）としてふさわ

しいか，子どもと一緒に考えます。教師がいくつか例を挙げると，子ども
は考えやすいでしょう。下記は，実際に私のクラスで設立された会社です。
　・インテリア会社…教室をよい雰囲気にするインテリアをつくって飾る。
　・お笑い会社…みんなを楽しませるために，休み時間にお笑いをする。
　・遊び会社…休み時間にいろいろな遊びを提案して，みんなを誘う。
③②で考えた係（会社）のどれに取り組むのかを自分で決めたら，活動開始
です。私は，取り組む際の条件として，下記を子どもに伝えています。
　・２人以上で取り組む（１人だけでは会社は設立できない）
　・定期的に全体に対して活動や報告を行う（周知ポスター等を作成）
　・その係（会社）を途中で抜けて，他の係（会社）に加わったり，新しい
　　係（会社）を立ち上げたりしてもよい。ただしその際は，係（会社）の
　　メンバーに前もってきちんと伝えること

③　はじめのうちの注意点

　係活動（会社活動）は子どもにとって魅力的な活動ですが，決めただけで
主体的に取り組むかというと，そうではありません。特に最初は，「活動す
るための時間と道具」を毎週確実に確保することが大切です。また，ポスタ
ーや朝の会での連絡等を活用して，「〇月〇日にこんなことをやります」と
いう内容を全体に伝え，意欲が高まるよう教師からも継続的に声をかけてい
きます。活動した係（会社）を全体の前で褒めるのも効果的です。
　このように，**はじめのうちは教師が適切に声かけや支援を行っていくとよ
いでしょう。**
　なお，会社活動については，『クラスづくりの極意』岩瀬直樹著（農山漁
村文化協会），『よくわかる学級ファシリテーション①』岩瀬直樹・ちょんせ
いこ著（解放出版社）が参考になります。

04 日直

> **POINT**
>
> 担任が「日直を通してこういう力を身に付けさせたい」という思いをもち，それを子どもにも考えさせた上で日直に取り組ませよう。日直の仕事は，ねらいに沿って子どもと話し合って設定しよう。

1 日直は何のためにするの？

　おそらく日本全国の小学校のほとんどのクラスで，「日直」のシステムを取り入れていることと思います。あまりにも日直のシステムが当たり前になっているため，「そういうものだ」と考えないまま取り入れているところがあると思いますが，そもそも日直は設定しなくても問題はありません。では，何のために日直をするのでしょうか？すなわち，日直を通してつけたい力は何でしょうか？

　日直が2人体制だとしたら，30人学級であれば一人につき年間10回以上も日直を行うことになります。そのため，「ただなんとなく」行うのはもったいないです。担任が「日直を通してこういう力を身に付けさせたい。そのために，こうしたことを指導していく」と自分の思いをもち，子どもにも「日直って何のためにあるの？」「日直で伸ばせる力って何だろう？」と考えさせるとよいでしょう。そうすることで，6年生の子どもは，日直の意義やねらいを理解した上で取り組みます。

　参考までに私は，日直を通して，**「クラス全体のために，一日の見通しをもち，決められた仕事を工夫しながら責任もってやり遂げる力」**を養ってほしいと思っています。例えば「授業の挨拶」を日直の仕事とするならば，日

直がぼーっとしていると授業の始まりと終わりが間延びしてしまいます。また，「黒板を消す」ことを日直の仕事とするならば，消さないと次の授業に不都合が生じます。そのため，日直には，**「先から今を見よう（次に何をすればよいか把握し，工夫して仕事を行おう）」**という声かけをしています。

2　日直の仕事を何にするか

　「日直の仕事」とインターネットで検索して調べると，下記のようなものが列挙されています。

・朝の会と帰りの会の司会進行	・日直スピーチ
・１日の予定や授業の連絡	・授業の始まりと終わりの挨拶
・給食の会食前後の挨拶	・黒板を消す
・窓の開閉	・電気をつける・消す
・カーテンの開閉	・配付物を配る
・学級日誌記入	・下校後の教室の片付け

　これらのどれを日直の仕事として設定するかは，先述した「日直を通してどのような力をつけさせたいか」ということと関連します。

　私は，「クラス全体のために，一日の見通しをもち，決められた仕事を工夫しながら責任もってやり遂げる力」を身に付けさせたいと思っているので，「朝の会と帰りの会の司会進行」「１日の予定や授業の連絡」「授業の始まりと終わりの挨拶」などを日直の仕事として設定しています。

　「窓の開閉」「黒板を消す」「電気をつける・消す」「配付物を配る」等は，当番として設定してもよい活動です。日直の仕事については，ねらいに沿って子どもと話し合って決めるとよいでしょう。

05 朝の会

> **POINT**
>
> 　朝の会も，教師がねらいをもって行うことが大切である。教師の
> ねらいを子どもに伝え，子どもと話し合って朝の会のプログラムを
> 決めよう。

1 「朝の会」のねらいは？

　日本全国のほとんどの小学校で行われている「朝の会」。しかし，この朝
の会も，日直と同様に，実施しなくても問題はありません。では，朝の会は
一体何のために毎朝行っているのでしょうか。「どのクラスもしているから」
と何となく行うのではなく，教師がねらいをもち，それを子どもに伝えた上
で行うことが大切です。

　私は，朝の会には，

・家モードから学校モードへの切り替え

・学校生活のスタートの意識

・一日の活動の見通しをもつ

というねらいがあると考えています。

> ①朝のあいさつ
> ②「クラス目標」の斉唱
> ③歌
> ④みんなからの連絡
> ⑤先生から（健康観察含む）

　それらをふまえた上で，上記のようなプログラムで朝の会を行っています。
これらの他にも，「今日のめあて」「日直スピーチ」「ゲームやクイズ」「ペア
トークやグループトーク」などを入れたこともあります。教師のねらいを子
どもに伝え，子どもと話し合って朝の会のプログラムを決めるとよいでしょ
う。

2 「朝の会」の解説

❶ 朝のあいさつ…「教師に向けてのあいさつ」と「友達に向けてのあいさつ」を分けて行います。まずは教師に向かってみんなで挨拶をします。その後，隣同士や班の中で挨拶をします。教室を自由に歩きながら，みんなでわいわいと「おはようジャンケン」をすることもあります。

❷ 「クラス目標」の斉唱…「クラス目標」が決まったら，毎朝みんなで「クラス目標」を斉唱し，意識を高めます。日直が「クラス目標！」と言ったら，全員で声を揃えて言います。

❸ 歌…基本的に，学校で決まっている「今月の歌」を歌います。毎日同じ歌を歌うことでマンネリ感が出てきたら，別の歌を歌って刺激を与えることもあります。簡単な歌唱指導も合わせて行います。

❹ みんなからの連絡…係活動（会社活動）や当番活動から連絡をします。例えば遊び会社が休み時間のクラス遊びを伝えたり，給食当番が食器をきれいに片付けるよう呼びかけたりします。何も連絡がないときは，みんなで「ありません」と言います。

❺ 先生から（健康観察含む）…まずは健康観察をします。その後，予定表を見ながら，一日の予定を端的に説明し，見通しをもたせます。最後に，「今日も一日みんなでがんばろう！」といった前向きな言葉をかけます。

3 「朝の会」を行う上でのポイント

・1時間目の開始に食い込まないようにします。そのため，全員そろっていなくても時間通りに朝の会を始めます。1時間目の開始に食い込みそうなときは，歌をカットして時間調整をするとよいでしょう。

・机の上の物を全てしまい，集中しやすい環境にしてから行います。

・「挨拶」「返事」「姿勢」「聞き方」などの指導を適宜入れていきます。

06 帰りの会

POINT

　帰りの会で絶対に気を付けなければならないことは，「下校時刻を守る」ということ。教師のねらいを子どもに伝え，子どもと話し合い，下校時刻に気を付けて帰りの会のプログラムを決めよう。

1 絶対に気を付けることは，「下校時刻を守る」こと

　「帰りの会」も，前項の「朝の会」と同様，教師がねらいをもち，それを子どもに伝えた上で行うことが大切です。しかし，「帰りの会」では，絶対に気を付けなければいけないことがあります。それは，「下校時刻を守る」ということです。保護者は，我が子が学校から安全に帰ってくることを何より望んでいます。そのため，下校時刻を過ぎてしまうと，保護者に心配をかけてしまいます。子どもも早く帰りたいと思っているものです。下校時刻を過ぎると，習い事や塾など，下校後の予定にも影響を及ぼすことになります。

　下校時刻を守るには，「帰りの会」のプログラムを絞り込むことが大切です。プログラムが多すぎることが，下校時刻を過ぎてしまう大きな原因です。私は右下のようなプログラムで帰りの会を行っています。これらの他にも，「今日がんばったことと反省」「みんなからの連絡」「歌」「ゲームやクイズ」などを入れていたこともあります。教師のねらいを子どもに伝え，子どもと話し合い，**下校時刻に気をつけて帰りの会のプログラムを決める**とよいでしょう。

①先生から
②机の整頓・ごみ拾い
③帰りのあいさつ

2 「帰りの会」の解説

❶ 先生から…今日一日を振り返って，子どものよさやがんばりと，明日の主な予定を伝えます。できる限り手短に行います。

❷ 机の整頓・ごみ拾い…「さようなら」をするために起立をしたら，机の引き出しを机の上に出し，引き出しの中が整理整頓されているかどうかを班で確認します。そして，机の脚を床に示した印に合わせ，机の向きをきれいに整えます。最後に，自分の席の近くにゴミが落ちていたら拾います。このようにして，「きれいな教室をみんなでつくる」意識を高めます。

❸ 帰りのあいさつ…教師に向けて「さようなら」をした後，班の中でも「さようなら」をします。最後に教師と「さよならジャンケン」をします。帰りの会終了後は，廊下に並び，靴箱まで子どもたちを見送ります。

3 「帰りの会」を行う上でのポイント

「下校時刻を守る」以外に私が大切にしている帰りの会のポイントは下記の通りです。

・「帰りの支度」（ランドセル・水筒・名札等）を終わらせてから帰りの会を行います。私は「振り返り日記」（p.116）を書き，教師に見せた子から帰りの支度をするように伝えています。頃合いを見て，「あと何分で帰りの会を始めるよ」と子どもに伝え，タイマーでカウントダウンをします。タイマーが鳴ったら，帰りの支度が終わっていない子がいても帰りの会を始めています。帰りの支度が終わっていない子は，帰りの会中は支度をストップし，話を聞きます。

・「帰りの会」では，子どもにお説教をしません。満足感をもち，笑顔で帰らせることを意識しています。**「希望の登校，満足の下校」**が大切です。

07 給食

POINT

　教師が給食時の子どもの姿の理想イメージをもち，それを子どもにも具体的に伝え，どうすればそういう姿になるのか話し合いながら日々取り組んでいこう。

1 給食における子どもの動きのポイント

　経験則ですが，「給食と掃除の子どもの動きには，そのクラスの育ちが表れる」と思っています。「給食の子どもの動き」のチェックポイントとしては，下記のようなことが挙げられます。

・全員で協力して，短時間で素早く配膳ができているか
・マナーを守って楽しい会食の時間になっているか
・クラス全体で「残菜0」に近付けているか
・全員で協力して，きれいに素早く後片付けができているか

　このような状態になるには，教師が理想の子どもの姿のイメージをもち，それを子どもにも具体的に伝え，どうすればそういう姿になるのか話し合いながら取り組んでいくことが大切です。「○○くん…おかず　□□さん…スープ」と機械的に割り振ってそのままほったらかしでは，そういう姿にはなりません。子どもの状態を見取り，継続的に指導を入れていきましょう。

2 役割と配膳のポイント

①給食グループを作り，一人一人の役割を決める場合，「おかず」「スープ」などの「配膳中の役割」がすぐに思い浮かびます。しかし給食は，「準備→配膳→後片付け」の３つの流れがありますので，配膳だけでなく，「準備」「後片付け」における役割も決めておく必要があります。

②配膳時の合言葉は，「レストランのようにきれいに配膳」です。食器のふちにご飯つぶがついたり野菜がぶらさがっていたりしないように気を付け，レストランのように見た目を美しくします。

③食器の置き方の合言葉は，「ミッキー置き」です。右図のように置くと，まるでミッキーの顔みたいになり，きれいに置くことができます。右利きと左利きの子を把握し，箸とスプーンの向きにも気を使うように伝えると，子どもは意識します。

3 会食のポイント

①「いただきます」をしたら，口をつける前に，時間内に食べきれる量に調整します。苦手なものも少しは食べるように伝えます。「給食室の方が，みんなのために愛情をこめてつくってくださっているんだよ」と話をし，できるだけ食べるように促します。クラスで給食室見学をすると効果的です。

②全部食べ終わった子は，時間内に食べきれる量を考えて，おかわりをします。おかわりは何度してもよいですが，人気のあるものは一人で欲張らず，周りの人のことを考えて量を加減するよう伝えます。

③大きな声で話したり騒いだり，下品なことを言ったりしないよう気をつけます。家族で外食をしているときにそういうグループがいるとどう思うか子どもに聞きます。給食でも同じです。その都度指導を入れていきます。

④「肘をついて食べない」「犬食いをしない」「左手は食器に添える」「口に
　ものが入っているときに話さない」などの基本的な食べ方については，会
　食中にその都度指導を入れていきます。
⑤おかわり以外の立ち歩きは原則禁止です。立ち歩く必要があるとき（トイ
　レ・手洗い・うがいなど）は，教師に声をかけるよう伝えます。

④　片付けのポイント

　食べ終わったら気が緩んでしまい，「片付け」がおろそかになってしまい
がちです。片付けについては，以下のことに気を付けて指導をしていきます。
①ゆとりをもって片付けをするために，給食終了時刻の５分前には「ごちそ
　うさま」をします。それにより，昼休みをフルに使えます。
②ご飯つぶや野菜をつけずにきれいに食べることができたか，「ごちそうさ
　ま」をするときに自分の食器を確認させます。きれいに食べた子の食器を
　全員に見せて，「自分の食器と比べてどう？」と聞くと効果的です。
③全員で「ごちそうさま」をしてから，順番に食器を片付け始めます（最初
　に給食当番）。「食べ終わった人からどんどん食器を片付ける」という方法
　もありますが，それだと立ち歩いて落ち着かない状態が長時間続きますの
　で，私は全員で「ごちそうさま」をするまでは，たとえ食べ終わっても片
　付けないようにしています。給食当番が最初に片付けるのは，給食当番と
　しての後片付けの仕事があるためです。
④スプーンや箸の向きを揃えます。スプーンや箸の向きが揃っているのと揃
　っていないのでは，どちらがきれいに見えるか実際に子どもに見せるとよ
　いです。また，教室にストローのゴミ等を落とさないように注意します。
⑤食べ終わってない子を，昼休みまで教室に残して食べさせることはしませ
　ん。「どうすれば時間内で食べることができたと思う？」とその子と話を
　します。最初に時間内に食べきれる量に減らせばよいことを確認したら，
　きれいに片付けさせます。その子の昼休みを奪うことはしません。

5 レベルアップのアイディア

レベル①「役割の自由化」にチャレンジ

給食グループの中での細かい役割決めを廃止し，自由化します。すなわち，グループの子ども同士で話し合いながら，臨機応変に役割に取り組ませるのです。「役割が決まっていないから，これまでよりも難しいよ。グループで声をかけ合って協力して取り組む必要があるよね」と伝えます。

レベル②「全員配膳」にチャレンジ

「給食当番の子どもが配膳も配りも行い，それ以外の子は自席に座って給食が配られるのを待つ（または自分の分のみ取りに行く）」というシステムから，「給食当番が配膳を行い，それ以外の子が配りを行う」という「クラス全員で協力して配膳を行うシステム」に変更します。子どもに，「給食はみんなで食べるものだよね。でも，今は先生とグループの人たちだけで準備をしているよね。先生は，これからはみんなで準備をしたいなあと思っているんだけど，みんなはどうかな？」と切り出してみましょう。

レベル③「グループ制なし」にチャレンジ

最後に，給食当番における最高レベルのチャレンジを紹介します。それは，「グループ制をやめる」ということです。給食グループを組むこと自体をやめ，つまり全く何も決めず，一人一人が周りの様子を見て，自分にできることを考えて給食の配膳や後片付けを行うのです。子どもに，「6年生として，最高レベルのチャレンジに挑戦してみない？」と伝えます。「何？何？」と子どもが聞いてきたら「いや，やっぱりみんなには無理だからやめておきます」とわざともったいぶり，子どもの興味関心を刺激します（笑）。その上でチャレンジの内容を伝え，その難しさや予想されるトラブルなどを一緒に考えます。それでも子どもが「やる！」「チャレンジしてみたい！」と言ったら，ぜひチャレンジしてみましょう。

08 掃除

POINT

　掃除をすることでみんなが気持ちよく過ごす環境をつくるとともに，自分の心も磨いていける。教師が率先垂範して自分の姿で手本を示し，子どもに掃除の意義や価値を伝えていこう。

1 掃除の意義や価値を伝え，認めて褒める

　p.62に書いた「給食と掃除の子どもの動きには，そのクラスの育ちが表れる」というのは，特に掃除で顕著になります。どうしても掃除は「面倒くさい」「大変」「できればやりたくない」という気持ちが働くためです。

　しかし，6年生は，1年生に掃除のやり方を教える立場でもありますので，やはり最高学年として，掃除に取り組む姿でも全校をリードしていきたいものです。子どもに掃除の意義や価値を伝え，掃除をしている姿を褒め，認め，子どものやる気スイッチがONになるように取り組んでいきましょう。

2 役割を割り振る

　まず，クラスに割り当てられた掃除場所を確認し，それぞれの掃除場所において役割を決めます。「教室」の掃除を10人の子どもで行うのならば，例えば下記のように割り振り，一人一人の役割を決めます。

　　・ほうき…3人　　・小ぼうき・ちりとり…1人　　・床ぞうきん…3人
　　・机ふき…1人　　・ロッカー・棚ふき…1人　　　・黒板…1人

③ 掃除道具と掃除ロッカーの準備

　子ども一人一人の掃除の役割が決まることで，それぞれの掃除道具がいくつ必要なのかがはっきりします。

　（例）・ほうき…計8本（教室に3本，理科室に3本，中央廊下に2本）
　　　　・ちりとり…計4つ（教室に1つ，理科室に2つ，中央廊下に1つ）

　掃除が始まる前に，それぞれの掃除場所に行って掃除ロッカーを確認し，必要な数の掃除道具を揃えておきます。

　ここでおすすめなのが，**子どもに自分の使う掃除道具を渡し，名前を書かせること**です。子どもは，自分の名前があることで，「自分の持ち物」という愛着と責任感がわき，大切に扱います。片付け忘れている掃除道具があったときも，名前が書いてあるので誰のものなのかすぐにわかります。

　また，掃除ロッカーにも工夫をします。ほうきをしまう場所には「ほうき」，ちりとりをしまう場所には「ちりとり」と書かれたビニールテープを貼っておくのです。ビニールテープが貼られていることで，自ずと指定された場所にしまうようになります。きれいにしまえてある掃除ロッカーの写真を撮り，貼っておくとよいでしょう。このように，子どもが動きやすいシステム・環境を整えておきます。

④ 掃除に取り組む際のポイント

❶ **何のために毎日掃除をするのか**…子どもに，「どうして毎日掃除をするの？」と聞きます。「きれいにするため」といった意見が出てきたら，「どうしてきれいにする必要があるの？」と，もっと掘り下げて聞きます。そのようにして，**「掃除をするのは，みんなが気持ちよく過ごせる環境をつくるため」「掃除をすることで，自分の心も磨いていける」**ということに気付かせます。

❷ **挨拶をする**…掃除を始める前に同じ掃除場所のメンバーで集合し，「始

まりの挨拶」をすることで，掃除への意識を高めます。掃除が終わった
ら，「終わりの挨拶」も同様に行います。

❸ **自分の役割が終わったら？**…例えば教室掃除の「机ふき」の役割の
子は，みんなの机をふき終わってしまったら，それで終わりでしょう
か？「自分の役割が終わったら，どうすればいい？」と子どもに聞き，
考えさせます。掃除の目的は，「みんなが気持ちよく過ごせる環境をつ
くる」「自分の心を磨いていく」ことです。ということは，自分の役割
が終わっても，それで終わりではありません。周りを見て，友達を手伝
ったり，まだ汚れている場所をきれいにしたりと，自分にできることを
考えて動きます。

❹ **時間を守る**…終わりの時刻を過ぎても，まだ掃除を続けている子がい
ます。これはいけません。掃除の後の予定に遅れてしまうからです。子
どもに，「終了5分前になったら片付けだよ」と伝えて，「時間内で片付
けまで終わらせる意識」を高めます。もちろん，「掃除開始の時刻」も
守ります。

❺ **教師の率先垂範**…掃除にしっかり取り組む子どもになってほしいので
あれば，**教師が率先垂範し，自分の姿で子どもに手本を見せることが大
切**です。掃除場所を回り，どの掃除場所でも子どもと一緒に真剣に掃除
に取り組みましょう。

5 片付けまでしっかりと

　先述した「掃除道具に名前を書く」「掃除ロッカーにビニールテープをは
る」の2つの工夫をしておけば，子どもはスムーズに片付けられるでしょう。
もし片付け忘れている掃除道具があれば，名前を見て，持ち主に「片付け忘
れていたよ」と言って渡します。私は，掃除が終わったら，掃除ロッカーを
いつも確認しています。きれいに片付けられていたら，「きれいに片付けて
くれてありがとう。気持ちがいいね」と子どもに伝えています。

6 レベルアップのアイディア

レベル①目標と振り返り…子ども一人一人が日々の掃除の目標を個別に設定します。掃除が始まる前の挨拶で，同じ掃除場所のメンバーに目標を伝えて意識を高めます。掃除が終わったら振り返りも同様に行います。

レベル②黙働（無言清掃）…私の勤務校では，全校で「黙働」（無言清掃）に取り組んでいます。掃除の時間に，音楽や放送もかかりません。「しーん…」とした静かな状態で，集中して掃除に取り組みます。子どもには，黙働の意義と価値について説明をします。黙働ができたかどうかについても，掃除終了後に振り返りをします。

レベル③自問清掃…自問清掃とは，北海道の平田治先生が提唱されている掃除のあり方です。ただその場所をきれいにするだけではなく，**「掃除を通して自分の心を磨いていく」**ことをねらいとしています。「自問清掃を通してみがく３つの玉」として，下記が挙げられています。

・「がまん玉」…怠け心が出そうな自分の心と向き合い，掃除に取り組む。
・「みつけ玉」…人が見つけていない場所や方法を見つけたり，時間いっぱい仕事を見つけたりして掃除に取り組む。
・「しんせつ玉」…友達のよいところを見つけたり，助け合ったり気配りしたりして掃除に取り組む。

　私は平田先生の自問清掃に関する書籍を読んで，掃除に対する考え方が変わりました。子どもの掃除の様子を見て，頃合いだと感じたら，自問清掃について丁寧に説明し，自問清掃のエッセンスを取り入れています。ぜひ下記の参考文献を読んでみてください。

・『子どもが輝く「魔法の掃除」－「自問清掃」のヒミツ』平田治著，三五館
・『「魔法の掃除」13ヵ月－「Ｉメッセージ」を語れる教師』平田治著，三五館

09 班活動

> **POINT**
> 「班」のシステムを効果的に機能させることにより，子ども同士の関係性の構築，ひいては学級経営に大いに役立つ。班活動を行う上で教師がねらいをもち，それを子どもに伝えた上で取り組もう。

1 班活動のよさ

　クラスの席の位置によって「班」を組織しているクラスは多いと思います。この「班」というシステムを効果的に機能させることにより，子ども同士の関係性の構築，ひいては学級経営に大いに役立ちます。なぜなら，学習時に話し合ったり，給食を一緒に食べたり，班ごとに提出物を集めたりと，班は学習面においても生活面においても子ども同士が密接に関わるグループだからです。

　子どもにとっては，班のメンバーとの関係が良好になれば，学校生活が楽しくなります。班活動を行う上で教師がねらいをもち，それを子どもにも伝えた上で取り組んでいきましょう。

2 班活動のねらい

　私は基本的に4人で班を組織しています。人数の調整のために3人や5人になる班もあります。
　私の班活動のねらいは，次ページの通りです。
・友達の個性を認め，よさ・がんばりを見つけること

・班のメンバーで協力したり支え合ったりすること

・班の中での自分の役割を責任もって行うこと

　このねらいを子どもに伝えた上で，班ごとに目標（どのような班になっていきたいか）を立て，ポスターに書いて掲示します。振り返りの際は，「班の目標に向けてどうだったか」という視点で行います。

③ 班の中での役割

　班活動の上記のねらいをふまえて，私は班の中で一人一人に役割をもたせています。4月の最初は，私が下記の役割を提示・説明し，割り振らせます。

〈4月に提示する役割〉

班長（1人）	班のリーダー。メンバーへの声かけやとりまとめ，話し合いの司会などを行う。
整頓（1人）	環境を整える役割。机の引き出しや机の向き，フックにかかっている荷物等の整理整頓の確認を行う。
集め・配り（2人）	提出物を集めたり配付物を配ったりする役割。この役割が一番仕事量が多いため，2人で担当。

レベルアップのアイデア①…1週間ごとに役割をローテーションします。そうすることで，誰もが全ての役割を経験することができます。特に班長（リーダー）としての役割を全員が経験することは大切だと考えています。

レベルアップのアイデア②…「班長」以外の役割を，班ごとに考えさせます。考える際の規準は，「班の目標を達成するために，どういう役割が必要か」という視点です。班ごとに様々なアイデアが出ます。

【参考文献】

- 有松浩司著『学級システム大全』明治図書，2023年
- 多賀一郎監修『学級づくり＆授業づくりスキル　日直・係活動・当番活動』明治図書，2023年
- 静岡教育サークル「シリウス」編著『子どもがいきいき動き出す！係活動システム＆アイデア事典』明治図書，2015年
- 岩瀬直樹著『クラスづくりの極意』農山漁村文化協会，2011年
- 岩瀬直樹・ちょんせいこ著『よくわかる学級ファシリテーション①』解放出版社，2011年
- 多賀一郎監修『学級づくり＆授業づくりスキル　朝の会・帰りの会』明治図書，2023年
- 向山洋一著『学級を組織する法則』明治図書，1991年
- 平田治著『子どもが輝く「魔法の掃除」－「自問清掃」のヒミツ』三五館，2005年
- 平田治著『「魔法の掃除」13ヵ月－「Ｉメッセージ」を語れる教師』三五館，2007年

子どもの意欲が大きく変わる！

⑤ 小6授業システム

パーフェクトガイド

PERFECT GUIDE

PERFECT GUIDE

「学習の導入」のポイント

> **POINT**
> 「学習の導入」をどのようなものにするかで，子どもの意欲は大きく変わる。「導入の活動」に取り組んだり，主学習の最初に「学習の見通し」を示したりして，児童の意欲を高めよう。

1 「導入の活動」を設定する

　チャイムが鳴り，授業が始まりました。私は，すぐに主学習に取り掛かるのではなく，授業の最初に下記のような「導入の活動」に短時間で取り組んでから，主学習に入っています。これは国語の例です。

○漢字　○音読・暗唱　○かんたん作文　○１分間ペアトーク

　これらを時期や曜日によって変化をつけながら実施しています。こうした導入の活動を行うよさは，主に下記の２つです。

助走の役割

　チャイムが鳴ってすぐに授業への気持ちの切り替えができない子がいます。また，６年生だと，委員会活動等で授業の開始に遅れてしまう子がいます。そういった中で，導入の活動が助走の役割を果たし，子どもの意識が学習に向きます。

ルーティン化することの安心感

　授業の導入をある程度決まったものにすることで，子どもは始めに何をするのかがわかっているので，落ち着いて授業に臨めます。変化や変更が苦手な子も，スムーズに授業に取り掛かることができます。

2　主学習の最初に，学習の見通しを示す

　導入の活動を経て主学習に入ったら，はじめに学習の見通しを示します。「学習の見通しを示す」というのは，その時間の目的（めあて）や学習内容を子どもにしっかりと理解させるということです。

　人は，目的がわからない活動には意欲的に取り組めません。それは，ゴールも知らされていないのに，「とにかく全力で走り続けなさい」と言われているようなものです。主学習のはじめにその時間の見通しを示すことで，子どもはゴールに向かって目的意識をもって学習に取り組むことができます。

　例えば，国語における見通しの示し方としては，下記の通りです。

---

①単元計画を見たり前時までのノートを見返したりして，これまでの
　学習を振り返る（前時までにどのようなことを学習してきたのか）。
②本時の学習の「目的」「内容」「流れ」を子どもに伝える。
【学習の目的】この時間に，どのような力を身に付けるのか（１つに
　　　　　　絞る）
【学習の内容】その目的のために，どのような学習を行うのか
【学習の流れ】この時間の学習の流れとおおよその時間配分

　上記のうち，【学習の目的】については，あまり伝えられていないのが現状ではないでしょうか。「何のためにこの学習に取り組み，この学習に取り組むことでどのような力がつくのか」「その力が日常生活や将来にどう役立つのか」を知れば，６年生の子どもは納得して取り組もうとするものです。

　また，【学習の目的】において，その時間に培う形成学力（指導事項）は，１つに絞るとよいでしょう。あれもこれも身に付けさせようとすると，指導がぼんやりとし，指導言がぶれてしまう恐れがあります。

「発問」のポイント

> **POINT**
> 子どもの思考をゆさぶる発問をすることで，深い学びにつなげよう。また，子どもが問い（発問）を考えることにも挑戦し，主体的な学習を目指そう。

1 子どもの思考をゆさぶる発問をする

　よい発問の条件の一つに，「子どもの思考をゆさぶる」ということが挙げられます。その発問によって意見の違いが生まれ，それまで正しいと思っていた自分の考えがゆさぶられます。ゆさぶられることで，自分の考えが本当に合っているかどうか，友達と相談したり教科書を見たりして確かめようとし，それが深い学びにつながります。
　国語を例にすると，思考をゆさぶる発問作りのポイントは下記の通りです。

・子どもの意見が割れそうなところを問うこと
・自分の意見（立場）を決めることができること
・根拠を本文から探すことができること
・正誤をつけることができること（※つけられない場合もある）

　それらをふまえ，思考をゆさぶる発問作りの一つの手法としておすすめなのが，「枠を示す」ということです。枠を示すことで，思考の焦点化を図ることができ，子どもは思考しやすくなります。右記に国語の例を載せます。
○か×かを問う…「この文章構成図は正しい。○か×か」（説明文）

数を問う…「事例は全部でいくつ挙げられていますか？」（説明文）

スケーリングで問う…「この場面の中心人物の気持ちの高まりはどれぐらいだと思いますか？」（物語文）※心情メーター等を用い，視覚的に表す。

ポイントを問う…「中心人物の気持ちが変わったのは，どの文からわかりますか？」（物語文）

２　子どもが問い（発問）を考える

　６年生でぜひ挑戦してほしいのが，「子どもが問い（発問）を考える」ということです。「問い（発問）は，教師が子どもに与えるもの」という認識を変えるのです。これまでの学習経験を生かして子どもが自分たちで問いを考えることで，受け身ではなく，主体的に学習に取り組むきっかけになります。

〈国語科「子どもが問い（発問）を考える」流れ〉

①教科書を読み，「ここがわからない」「疑問に思う」「みんなで考えてみたい」と思った箇所で問いを作る。ノートに箇条書きで書く。

②下記の「問いの条件」に照らし合わせ，①で書いた中から自分で問いを３つ以内に絞る。

　【問いの条件】

　・「様々な意見が出そう」または「意見が割れそう」なもの

　・物語全体から，その理由を探せるもの・想像できるもの

　・活発に話し合えそうなもの（すぐに答えがわかるものは×）

③班になって一人一人が自分で考えた問いを発表する。その上で，上記の「問いの条件」に照らし合わせ，班で問いを３つ以内に絞る。

④班で出た問いを全体で発表する。その上で，上記の「問いの条件」に照らし合わせ，全体で問いを３つ以内に絞る。これで「問い」が決定となる。

⑤決定した問いについて，次時から考えていく。

小６授業システム

 **「説明と指示」のポイント**

> ●POINT●
> 授業中に最も多い指導言は説明であり，次に指示である。説明と指示のポイントを押さえてレベルを高めることで，授業力を向上させよう。

1 説明と指示の重要性

　授業における教師の指導言は，「発問」「説明」「指示」に分けることができます。**発問にクローズアップがあたることが多いですが，実は授業中に最も多い指導言は説明であり，次に指示です**。発問のない授業は想像できますが，説明と指示のない授業は想像できません。

　説明と指示のレベルを高めることで，授業力が向上します。子どもの動きも変わります。発問を機能させて子どもの思考を深めるためにも，的確な説明と指示が必要です。

2 「説明」のポイント

　説明とは，ある事柄の内容・理由・意義などをよくわかるように述べることです。説明のポイントを2つ挙げます。

❶「全体→詳細」の順で説明する

　（全体）「今日の授業では，登場人物は誰かを見つける学習をします」
　（詳細）「まず，登場人物の定義を説明します。登場人物というのは…」

このように，まずは全体を示してから詳細を伝えるとわかりやすい説明になります。

❷ 視覚化してナンバリングとラベリングで説明する

「登場人物の定義は３つあります。一つ目は〜〜です。二つ目は…」
というふうに，ナンバリングとラベリングを使って伝えるとわかりやすい説明になります。また，そのときに
「【登場人物の定義】①〜〜　②〜〜　③〜〜」
と黒板に書いて伝えると視覚化が図られ，よりわかりやすくなります。

③ 「指示」のポイント

指示とは，「ノートに考えを書きなさい」など，ある行動を行うように伝えることです。指示のポイントを２つ挙げます。

❶ 「一指示一行動」で示す→行動の確認

「ノートを開いて黒板を写して，その後はドリルと音読をしなさい」…この指示だと指示内容が多すぎて，子どもは戸惑います。まずは「ノートを開きなさい」と一つの行動を指示します。指示をしたら，全員がその指示内容を終えたか確認することが重要です。全員が終わっていないのに次の指示を出すと，「指示に従わなくてもよい」ということを暗に伝えていることになります。

❷ 終わった後の行動まで指示する

「全員起立。音読をしなさい」…この指示だと，音読が終わったら何をすればよいのかわからず，終わった後におしゃべりをしたり遊んだりする子が出ます。「全員起立。最後まで音読したら座ります。座ったらもう一度読みます」と，終わった後の行動まで指示します。なお，毎時間行うルーティンのものは，指示なしでできるようにしていきましょう。

# 「机間指導」のポイント

> ●POINT●
> 机間指導を行うことで，教師が指示した活動を行っているか確認したり，子ども一人一人の思考を把握したりすることができる。授業のねらいの達成のために，机間指導を適切に行おう。

1 「机間指導」とは

　机間指導とは，教師の指示を受けて，子どもが何らかの活動（「ノートに自分の考えを書く」「ペアやグループで考えを話し合う」など）をしているときに，子どもの近くまで行って一人一人の様子を見取り，その子に応じた手立てを打つことです。机間指導を適切に行うことで，授業のねらいの達成に近づきます。

2 机間指導の目的

　机間指導の目的としては，次の2つが挙げられます。

❶ 教師が指示した活動を行っているかの確認

　教師が指示した活動を子どもが行っているか確認します。もし違う活動や間違った活動をしている子どもがいたら，個別に指摘して修正を図ります。
　多くの子どもが違う活動や間違った活動をしていた場合は，教師の発問・指示・説明に問題があると捉えましょう。そういうときは一度活動を止めて，子どもに再度丁寧に発問・指示・説明を行うことが必要です。

❷ 子ども一人一人の思考の確認

子ども一人一人が，どのように思考しているのかを確認します。子どもの思考の状況により，その後の授業プランの調整・変更を図ったり，指名計画を立てたりします。

③ 机間指導のポイント

机間指導のポイントを3つ挙げます。

❶ 回るルートを決めておく

回るルートを決めておくと，迷いなく机間指導を行うことができます。全員を見ることができるルートを2つぐらい考えておきましょう。

❷ 一人に時間をかけない

机間指導は，時間との勝負です。長くても「一人10秒」をめやすにするとよいでしょう。

❸ 子どもへの声かけの例

承認・励まし…「うん，いいね」「よしよし」「いいぞ」「その調子」等

なるべく短く簡潔に言います。その子が集中しているときは「見ているよ」という目線だけ送り，無理に声をかけなくてもよいでしょう。

活動内容の修正…「○○ページから探すんだよ」「理由も書いて」等

修正するのは，指示した活動と違う活動や間違った活動をしている場合のみです。もし算数で答えが違っていても，その場で指摘したり修正したりしません。間違いや違う意見があるからこそ，思考が深まるからです。

指名計画…「指名されたら，これを発表してね」等

必ず伝える必要はありませんが，このように伝えておくと子どもは発表への心積もりができます。発表してほしい意見に丸をつけるとよいでしょう。

「発表・発言」のポイント

> **POINT**
> 発表につながりをもたせることで，子どもはそれぞれの意見に対して自分はどう思うのかを考え，思考の深まりを図ることができる。反応や発表の仕方，指導言などを工夫しよう。

1 活発なやりとりのように見えるが…

教師　「～～についてどう思いますか？」
Aくん「～～です」
教師　「なるほど。他にはどうですか？」
Bくん「～～です」
教師　「いいね。他にありませんか？」
Cさん「～～です」

　これは，授業でよく見かける光景です。一見，子どもが次々に発表し，活発なやりとりのように見えます。しかしこれでは，単発の発表が繰り返されているだけで，子どもの発表につながりがありません。**発表につながりをもたせることで，子どもはそれぞれの意見に対して自分はどう思うのかを考え，思考の深まりを図ることができます。**

2 友達の意見に対して，自分なりの反応を示す

　子どもの発表につながりをもたせるためには，誰かが発表したら，その意見に対して一人一人が自分なりの反応を示すことが大切です。「友達が意見

を言ったら，必ず何か反応するようにしよう」と繰り返し指導するとよいでしょう。反応というのは，例えばうなずきやあいづち，つぶやきなどです。それを意識づけることで，友達の発表を自分の意見と比べながら聞くことができ，賛成や反対，似ているところや違っているところなどがわかります。

それを受けて，その後の発表の仕方も，「□□さんの意見に似ていて…」「○○くんとは違って…」といった「前の人の意見を受けた発表の仕方」をアドバイスすると，どんどん発表につながりが出てきます。

③　子どもの発表をつなげる指導言をかける

・発表している子ども　「～～だと思います。どうですか？」
・他の子ども　　　　　（声をそろえて）「いいと思います」

これも，授業でよく見かける光景です。このように声をそろえて一斉に同じ反応をさせるのは止めた方がよいと私は思っています。なぜなら，そこで話し合いは終わってしまい，発表につながりが出ないからです。違う考えをもっている子がいたとしても，全体の雰囲気に流され，自分の意見が言いづらくなってしまいます。

こうしたときは，教師が「子どもの発表をつなげる指導言」をかけるとよいでしょう。下記に例を挙げます。こうした指導言をかけ続けることで，意図的に子どもの発表をつなぎ，思考の深まりを図ります。

～子どもの発表をつなげる指導言の例～
・「Aくんの言っていることって，どういうこと？」
・「Aくんと同じ意見でもいいから，自分の言葉で話してごらん」
・「Bさん，今のAくんの意見についてどう思う？」
・「え？先生わからないや…。誰かもっと詳しく教えて？」
・「AくんとBさんの意見で違うところ（同じところ）はどこ？」

06 「学習の振り返り」の ポイント

> **POINT**
>
> 授業の最後にその時間の学びを振り返る時間をとろう。振り返りを行うことで,子どもは自分の学びの状況を把握できる。また,教師も今後の授業改善につなげていくことができる。

1 振り返りを行うことのよさ

全ての学習活動は,「計画→実践(授業)→評価→改善」を1つのサイクルとして行い,児童にねらいとする力を付ける営みです。しかし,ややもすると,「評価→改善」がないがしろにされたり,行われていなかったりすることはないでしょうか。それでは「やりっ放し」の状態になってしまい,子どもはその学習を通してどのような力が身に付いたのかわかりませんし,教師も今後の授業改善につなげていくことができません。

授業の最後にその時間の学びを振り返る時間をとり,自分の学びの状況を把握することで,次の学びに生かしていくことが大切です。

2 振り返りのポイント

例えば6年生の『きつねの窓』の学習で,「ファンタジーの構造を読み取ろう」というねらいのもと,授業を行ったとします。授業の最後に3〜5分時間をとり,その時間の自分の学びを振り返ります。

❶ 振り返り方法

　振り返り方法として最も手軽で簡単なのはノートでしょう。ノートには，その時間の授業の流れや思考の過程が書かれていますので，それらを見ながら振り返りを書くことができます。ノート以外ならば，「振り返りプリント」を別に作成するのも有効です。毎時間の振り返りが１枚のプリントに収まりますので，これまでの学びの過程がよくわかります。

❷ 振り返りに書く内容

　振り返りと感想は異なると私は捉えています。すなわち，「今日の授業の感想を自由に書いてね」と指示するのではなく，「今日は『ファンタジーの構造を読み取ろう』というねらいの授業だったね。そのねらいに対して今日の自分の学びはどうだったかな？」と説明し，**ねらいに沿っての振り返り**を書かせるのです。「今日の自分の学びの５段階評価」「そう評価した理由」など，書き方を指定すると書きやすいでしょう。感想を書くのであれば，こうした振り返りの後に，感想の欄を別枠で設けるとよいです。

❸ 振り返りを生かす

　振り返りを行うことで，子どもは自分の学びの状況（学習内容をどこまで理解しているかどうか）を確認することができます。教師も，子どもの振り返りを読み，理解状況を把握することで，次の時間の指導に生かしていくことができます。例えば，よかった点や改善すべき点を子どもに伝えて，思考の深まりを図ります。授業後にノートやワークシートを集めた際，優れた意見があった場合は，全体に紹介します。また，誤読が見られる場合は，「こういう意見があったんだけど…」と全体に問いかけ，確認します。

　また，「子ども自身が評価する」という手も有効です。例えば物語の学習で「紹介文を書く」という言語活動の場合，前もって評価規準を子どもに伝え，その評価規準に沿った上で，自分の紹介文を自己評価したり子ども同士で相互評価したりします。評価規準は教師が決めてもよいですが，６年生ならば，「このねらいを達成するためには，どういう点が大事だと思う？」と聞きながら，子どもと一緒に決めてもよいでしょう。

 授業づくりは学級づくり

> **POINT**
> 目指していくべきは，「授業づくりは学級づくり」。授業づくりと学級づくりは連動している。「授業を通して子ども一人一人そして学級全体を育てていく」と考えて授業に臨もう。

1 授業づくりは学級づくり

　本章ではこれまで，授業の基本的な内容について述べてきました。最後に，私が授業づくりについて感じていることをお伝えします。

　「授業づくり」と「学級づくり」。この2つはどちらも重要であることは間違いありません。しかし私は若い頃，「自分は学級づくりに力を入れているから，学級づくり派だ」と，2つを切り分けて捉えていました。

　しかし，年数を重ねて経験が増え，今は「授業づくりは学級づくり」，すなわち授業づくりと学級づくりを切り分けるのではなく，車の両輪のように連動するものとして捉え，「授業の中で子ども一人一人そして学級全体を育てていく」と考えて実践しています。

2 「授業のねらい」と「学級づくりのねらい」をもち，授業に臨む

　「授業づくり」と「学級づくり」を切り分けて捉えてしまうと，例えば次のようなことが起こります。

- 休み時間中の子どもは元気で活発なのに，授業中は活気がなく，発表しようとしない。
- 子ども同士の関係性は悪くないものの，授業になると話し合いが停滞し，授業に閉塞感が出る。
- 教材研究に力を入れて授業に臨んでも，子どもは乗らずに教師が一人で進める形になる。
- 授業に力を入れようとしても，授業中に子ども同士のトラブルが起き，その対応に追われる。

　いかがでしょうか。上記の例は，いずれも「授業づくり」「学級づくり」を切り分け，どちらかに偏って捉えたことが原因で起こる現象です。

　こうした状態にならないようにするためには，**授業に臨むにあたり，「授業のねらい（本時でつけさせたい力）」だけでなく，「学級づくりのねらい（どのような子どもそして学級集団になってほしいか）」をしっかりともつこ**とが大切です。言い換えれば，「授業でどのようなことを教えるか」だけでなく，「学ぶ中で，子どもにどのようなことを身に付けてほしいか」を意識していくということです。

　私も，そのように意識して授業に臨むようになってから，子どもへの指導や声かけの仕方が変わり，以前よりも授業の理解度だけでなく学級の育ちにも伸びが見られるようになりました。

　子どもが学校で過ごす時間の大半は「授業」です。「学級づくり」という時間は一日のうちのどこにも設定されていません。だからこそ，「授業づくりは学級づくり」ということを意識することが大切です。

　本章で述べた授業の基本的な内容をふまえた上で，授業を通して学級をつくり，6年生の子どもにとって小学校最後の一年間を充実したものにしていきましょう。

【参考文献】

- 浅野英樹著『小学校国語授業のつくり方』明治図書，2022年
- 堀裕嗣著『国語科授業づくり入門』明治図書，2014年
- 『小学校学習指導要領解説　国語編』文部科学省，2018年
- 国立教育政策研究所教育課程研究センター『「指導と評価の一体化」のための学習評価に関する参考資料　小学校　国語』ほか，東洋館出版社，2020年
- 野口芳宏著『授業で鍛える』明治図書，2015年
- 有田和正著『有田和正の授業力アップ入門　一授業がうまくなる十二章一』明治図書，2005年
- 向山洋一著『新版授業の腕を上げる法則』学芸みらい社，2015年
- 西川純編『クラスが元気になる！『学び合い』スタートブック』学陽書房，2010年

プロセスが大切！

⑥ 6年生への行事指導

PERFECT GUIDE

パーフェクトガイド

学校行事の指導の原則

> **POINT**
> 学校行事においては「過程で何を学ぶか」が何より大切である。日常で大切にしていることが，学校行事が終わった後に，よりよい子どもの姿・行動となって日常に返ってくるように進めよう。

1 学校行事に取り組む上で大切なこと

　6年生の1年間，運動会や音楽会などの多くの学校行事が行われます。6年生は，それら全てに「学校のリーダー」として取り組むことが期待されます。また，常に「小学校最後の」という言葉がつきますので，子どもも教師も悔いのないよう学校行事に気持ちを入れて取り組む姿が見られます。

　しかし，その気持ちのベクトルがずれると，運動会や音楽会といった「他者から見られる学校行事」では，本番の出来を気にするあまり，教師は子どもの思いを後回しにし，こちらの都合で指導してしまう恐れがあります。教師の自己実現・自己満足の思いが先に立ってしまうのです。

　また，子どもも，学校行事への取り組みは，練習のための特別日課が組まれることもあり，「普段の学習から切り離された特別な（非日常的な）取り組み」と受け取りがちです。

　しかし，学校行事においては，**「本番に至るまでに子どもがどのような思いで，どのように取り組んでいくか」，すなわち「過程で何を学ぶか」が何より大切**です。そしてそれは，日常生活の延長線上になくてはなりません。日常生活で普段から大切にしていること・重視していることが，学校行事の取り組みの中でより一層向上・強化され，その学校行事が終わった後に，よ

りよい子どもの姿・行動となって日常に返ってくるものであることが重要なのです。

　本番の出来や結果のみに一喜一憂するのではなく，本番に至るまでの過程を重要視し，子どもの思いを感じながら指導していきたいものです。

② 6年生の学校行事の指導におけるポイント

　詳しい各行事の指導の仕方については次項から説明しますが，6年生の学校行事の指導における大きなポイントとしては，下記の2点です。

---

❶ 学年職員での共通理解

・その行事のねらい（子どもにつけたい力。何を目指して取り組むのか）
・練習への取り組み方（子どもと共につくる。ねらいを意識する）
・スケジュール管理（計画表を作成し，見通しをもつ）
・職員での役割分担（主の指導者とサポート・準備の役割）
・練習のたびに職員で振り返る（次に生かす。子どもにも伝える）

❷ 子どもと共につくる

・その行事の主旨説明（どのような行事か。何を目指して取り組むのか）
・実行委員を組織（子どもからのアイディア・意見を取り入れる）
・その行事の学年目標の決定（掲示し，練習のたびに意識づけ）
・学年目標をふまえて，その行事の学級目標の設定（掲示し，各クラスで意識づけ）
・練習における挨拶・振り返りなどを子ども主体で行う（実行委員等）

6年生への行事指導

02 「入学式」のポイント

> **POINT**
>
> 入学式は6年生としてのデビュー戦。終わった後に子どもがどのような気持ちになっているかが，今後の動きを左右する。学年職員で「目指す子ども像」を共有し，計画的に指導にあたろう。

1 入学式

入学式は，6年生としてのデビュー戦となる行事です。6年生になって間もない中，式場や1年生教室の準備，入学式への参加（6年生が参加しない学校もあると思います）など，6年生としての活躍が期待されます。

「最初が肝心」という言葉の通り，入学式が終わった後に6年生の子どもがどのような気持ちになっているかが，今後1年間の動きを左右すると言っても過言ではありません。「面倒くさい」「やりたくない」というマイナスで後ろ向きな気持ちではなく，「学校のリーダーとしてがんばろう」「これからも僕たち・私たちに任せて」というプラスで前向きな気持ちになってほしいものです。

そのためには，年度始めの慌ただしい中ではありますが，行き当たりばったりではなく，学年職員で「目指す子ども像」を共有し，計画的に指導にあたりましょう。

② 入学式の指導のポイント

学年実行委員…子どもと共につくるために，各クラスで実行委員を決める。実行委員が中心となって入学式のめあてを決めたり，準備や本番においてよかった点や反省点を学年全体に伝えたりする。

めあてを決める…実行委員を中心に，「１年生のためにどのような入学式を作り上げるか」という観点でめあてを決め，学年全体で合言葉のように共通理解する。

仕事分担…入学式の仕事分担は，校舎内外の清掃，１年生教室装飾，式場準備など多岐に渡る。まずは学年職員で漏れのないよう仕事分担を洗い出し，クラスや人数の割り振りをした上で，子どもに提示・説明する。

歓迎の言葉や歌…入学式では，児童代表の歓迎の言葉や，お祝いの歌があることが多い。時間がない中ではあるが，準備・リハーサルを行う。実行委員にアイディア・工夫を聞くとよい（例…歓迎の言葉の中に「ご入学おめでとうございます」と６年生全員で揃えて言う箇所をつくる）。

終わった後に，よかったところをうんと褒める…後片付けの後，学年全員を集合させる。そして，準備から本番までの子どものがんばりをうんと褒める。担任はもちろんのこと，学年主任・教務主任・教頭・校長など，様々な人に褒めてもらうとよい。褒められることで，「よし，これからもがんばろう」「学校のために動くっていいものだな」という気持ちになる。

振り返り…めあてに照らし合わせて，準備から本番までどうだったか個人で振り返る。行事ごとに「振り返りカード」を作るとよい。

　入学式がいい形で終わったら，次の行事は「１年生を迎える会」です。「１年生を迎える会」までに１年生との顔合わせも済み，給食や掃除の手伝いも始まっていることと思います。「入学式」と「１年生を迎える会」という４月の２つの行事を通して子どものやる気スイッチを ON にし，普段の学校生活でも生き生きと活動する姿が見られるようにしたいものです。

03 「1年生との交流活動」のポイント

> ● POINT ●
>
> 　1年生をサポートする目的は1年生の「自立」である。そのために，「やり方を教える」「見本を示す」「できることは自分でやらせる」といったスタンスで1年生に接するよう6年生に伝えよう。

1 「1年生との交流活動」のポイント

　6年生は，年間を通して1年生と密接に関わります。朝の支度や掃除・給食の手伝いをしたり，ペアやグループごとに休み時間に一緒に遊んだり，全校遠足や1年生を迎える会などの学校行事で一緒に活動したりします。

　1年生との交流活動においてまず大切なことは，1・6年生の職員で事前に打ち合わせ会を開くことです。例えば「朝の支度・掃除・給食のサポート」ならば，「いつ手伝いをするのか」「手伝いの人数は何人必要か」「手伝いのねらいは何か」「どのようなことをするのか」などをあらかじめ職員間で共通理解して，6年生の子どもが円滑に1年生の手伝いをできるようにします。

　また，無理に押し付ける形にならないようにするために，「1年生の職員から6年生の子どもに手伝いをお願いする（または手紙を書く）」という形をとるとよいでしょう。それも1年生の職員に依頼しておきます。

　打ち合わせが終わったら，「お手伝いスケジュール表」を作り，1・6年生の職員そして6年生の子どもと共有しておくと便利です。子どもと共につくるために，「1年生との交流活動学年実行委員」も組織します。連絡や調整等，年間通して活躍する実行委員の姿が見られます。

2 6年生の子どもに伝えること

　1年生からすると，6年生はとても頼りになる存在です。困った時にはスーパーマンのように助けてくれ，休み時間には本当のお兄ちゃん・お姉ちゃんのように遊んでくれます。1年生と6年生が交流している様子は，とても微笑ましいものです。

　しかし，その反面，1年生はついつい6年生に過度に甘えることがあります。「これ，やってー！」「わかんなーい！」と赤ちゃんのように駄々をこねて無理にお願いしたり，調子に乗って6年生を叩いたり蹴ったりしている姿を見ることがあります。

　そういうときにはもちろん教師も注意をしますが，そうならないためにも，1年生と交流活動を行うにあたり，6年生の子どもには，最初に次のように伝えます。

- ・1年生を「赤ちゃん扱い」しない。
- ・1年生ができることは自分でやらせて，それを見守る。
- ・できないことやわからないことは，6年生が全てしてしまうのではなく，丁寧に教えながら，1年生にやらせる。

　何のために1年生のサポートをするのでしょうか。それは，**1年生が自分のことを自分でできるようになること，すなわち「自立」**に他なりません。「6年生に手伝いをしてもらったらできる」状態から，「6年生がいなくても，自分でできる」状態になることを目指します。

　そのためには，「やってあげる」ではなく，「やり方を教える」「見本を示す」「できることは自分でやらせる」といったスタンスで，1年生に接していくことが**重要**です。1年生の子どもも，「赤ちゃんのように甘えるのはよくない」ということを，実はよくわかっているものです。

04 「運動会」のポイント

> **POINT**
>
> 「運動会の目的は，勝敗や相手との優劣ではない」ということを，子どもに意識させることが大切。運動会が終わった後，どういう姿になっていてほしいかを考えて指導にあたろう。

1 運動会を行う目的は？

　一般的に運動会は，赤組と白組に分かれて勝敗を競う形で行われます。そのため，何も伝えないと子どもは「白組に絶対に勝つ」「個人走であの子に負けない」といったふうに，本番の結果ばかりを気にし，それまでの努力や自分の成長に目が向かない恐れがあります。そうなると，運動会を行うことで優越感や劣等感，対抗意識を生むことになってしまい，運動会が終わった後の日常において，全体の雰囲気や人間関係に悪影響を及ぼします。

　そうならないためには，**教師が「運動会を行う目的は，勝敗や相手との優劣ではない」と強く意識し，それを子どもにしっかりと伝えて指導にあたることが大切**です。練習に入る前に，学年職員で「運動会の練習から本番までを通して，6年生の子どもにつけたい力は何か」「運動会が終わった後，どういう姿になっていてほしいか」を考えましょう。

2 「運動会」の指導のポイント

個人走（「100m走」「障害物走」など）

　「それまでの自分よりも少しでも成長しよう，力を伸ばそうとすることが

大切である」と繰り返し子どもに伝えます。走るのが得意な子はより速く，苦手な子は少しでも自分の力を伸ばせるように取り組みます。

団体競技（「騎馬戦」「綱引き」「棒引き」など）

　「自分の力を伸ばすとともに，自分がチームにどのように貢献できるかを考え，行動することが大切である」と繰り返し子どもに伝えます。得意な子はチームの主力となってメンバーを鼓舞するとともに，苦手な子をカバー・フォローします。苦手な子は練習を重ねて少しでも自分の力を伸ばせるように取り組み，自分の役割・責任を果たします。

リズム（「フラッグ」「ダンス」「組体操」など）

　団体競技と同じく，「自分の力を伸ばすとともに，自分が全体にどのように貢献できるかを考え，行動することが大切である」と繰り返し子どもに伝えます。得意な子はその姿で手本となって全体をリードするとともに，苦手な子に教えたりサポートしたりします。苦手な子は練習を重ねて少しでも自分の力を伸ばせるように取り組み，自分の役割・責任を果たします。

　また，上記のポイント以外に，運動会全体を通して大切なことは，**「子どもと共につくる」**ということです。

　各クラスで「運動会実行委員」を決め，競技の選定や工夫・アイディアなど，あらゆる場面で子どもの意見や希望を吸い上げ，できる限り反映しましょう。「学年のめあて」や「学級のめあて」も，運動会実行委員を中心に子どもが決めます。毎回の練習では，挨拶や振り返り（よかったところや今後の改善点）も運動会実行委員を中心に子どもが行い，「自分たちでつくり上げる」という意識を高めます。

　主役は教師ではなく，6年生の子どもです。教師が運動会の目的を意識し，子どもと共につくることで，6年生の子どもにとって小学校最後の運動会をすばらしいものにしましょう。

「修学旅行」のポイント

> **POINT**
> 修学旅行での振る舞いは，日頃の学校生活での姿が鏡となって表れる。目的を子どもに伝え，修学旅行が終わった後に，さらによりよい子どもの姿・行動となって日常に返ってくるようにしよう。

1 学校行事として修学旅行に行く目的とは

　数ある6年生の行事の中でも，修学旅行は子どもがとても楽しみにしている行事です。その理由を聞くと，「友達と一緒に泊まれる」「様々な場所に行き，観光・体験ができる」ということが挙がってきます。「みんなで楽しんで最高の思い出にしたい」と思っています。その気持ちはとてもよくわかります。私も，自分が6年生の頃の修学旅行を今でも覚えているぐらいです。

　しかし，ただ「楽しむ」「思い出を作る」だけでしたら，わざわざ修学旅行に行く必要はありません。普段の学校生活でも十分それは可能だからです。学校行事として修学旅行に行くからには，子どもの楽しみな思いを受け止めた上で，その目的や振る舞いを子どもにしっかり考えさせる必要があります。

2 修学旅行での振る舞いは，日頃の学校生活の鏡

　修学旅行では，保護者がいない中，友達と寝食を共にします。また，学校を離れ，観光地やホテルなどの公共の場所で，友達と協力しながら計画に従って行動します。

　そう考えると，「公共のマナーとルールを守る」「友達と協力し，自分の役

割と責任を果たす」「計画を立て，先のことを考えて行動する」「各見学先の見所や魅力を知る」ことなどが修学旅行の目的として挙がってきます。

　こうしたことは，普段の学校生活で大切にしていること・重視していることと重なります。ということは，**修学旅行での振る舞いは，まさに「日頃の学校生活の鏡」**と言ってよいでしょう。だからこそ，修学旅行の目的をしっかりと子どもに伝えて準備を進め，**修学旅行が終わった後に，さらによりよい子どもの姿・行動となって日常に返ってくるようにしたいもの**です。

③　修学旅行に向けての準備

修学旅行実行委員…子どもと共につくるために，各クラスで実行委員を決める。実行委員が準備や本番を通して中心となる。

保護者説明会…事前に保護者に日程や活動内容等を説明する。下見に行った際に写真を撮り，それを見せるとわかりやすい。

事前学習…日光に行くのなら日光のこと，広島に行くのなら広島のことなど，行先の歴史や見所，魅力などを事前に詳しく調べる。

修学旅行報告会（事後）…修学旅行から帰ってきてから，行先の歴史や見所，行ってみての感想などを全校や5年生に報告する。

修学旅行のしおり…しおりを見ればやることがわかるように作る。そうすることで，自分たちでしおりを見て考えて動く。

部屋割りや活動班の決め方…子どもが一番気にしているのはこれである。「あのクラスはこうなのに，うちのクラスはどうしてこうなのか」と子どもから不満が出ないように学年で決め方を揃える。誰と一緒になるかでもめてしまってその後の人間関係に悪影響が出たり，仲良しの友達と一緒になれずにすねてしまって周りを困らせたりなど，様々なケースを伝えた上で，修学旅行の目的をふまえてどのような決め方で決めるとよいか全員で話し合う。しっかり話し合って納得感を高めることがポイント。

06 「音楽会」のポイント

> **POINT**
>
> 音楽会に向けての準備や練習の過程を通して，子どもを育て，成長させていくことが，教師側が目的とすべきこと。「指導」という名の教師の自己実現・自己満足にならないように気をつけよう。

1 音楽会の目的は？

音楽会では，学年全体またはクラスごとに，合唱や合奏などに取り組みます。全校で発表を聴き合うため，「○年生の歌声はすばらしかった」「○年○組の合奏は…」と，本番での姿（出来栄え）をどうしても周りから評価されることになります。保護者が参観すると，より一層そう感じます。

そこで注意しなくてはならないのが，**本番での姿（出来栄え）を気にするあまり，「指導」という名の教師の自己実現・自己満足にならないようにする**ことです。子どもの気持ちを置き去りにして，教師の思いだけで無理な指導をすると，子どもとの関係性に悪影響を及ぼします。

そうではなく，**本番までの準備や練習の過程を通して，6年生の子どもを育て，成長させていくことが，教師側が目的とすべきこと**です。当日の姿（出来栄え）というのは，その目的と過程があるからこそ表れるものなのです。

2 日頃の指導を大切にする

6年生になると，「みんなの前で歌うのは恥ずかしい」「歌うのはカッコ悪

い」と言って，歌おうとしない子がいるものです。先述した通り，そういう子たちに向かって「どうして歌わないんだ！」「歌え！」と無理に歌わそうとすると，ますます歌わなくなるどころか，その子たちとの関係性も悪くなり，クラス全体の雰囲気に悪影響が出ます。

そうなるのを防ぐためには，**音楽会を学年（クラス）の目標の一つとし，その意識をもって４月からの朝の歌で練習していくこと**です。それまで何もしていなかったのに，音楽会だからと言って急に歌えるようにはなりません。**日頃の指導が今の子どもの姿となって表れている**のです。

４月から朝の歌の時間に声量や声の出し方などを伝えていきましょう。そして何より「みんなで歌うことの楽しさ」を味わわせましょう。そのためには，教師が子どもと一緒に歌い，歌うことを楽しむことがポイントの一つです。ここでも率先垂範が大切なのです。

③ 「音楽会」の指導のポイント

音楽会実行委員…子どもと共につくるために，各クラスで実行委員を決める。学年のめあて決めや毎回の練習の振り返りなど，実行委員が練習や本番を通して中心となる。

動画を撮る…動画を撮って見返すことで，自分たちの歌声や表情などを客観的に振り返り，改善することができる。

何人かの子どもに手本となってもらう…動画よりもリアルに伝わるのがこれ。「この子の歌声はきれいだな」「歌っているときの表情が素敵だな」と思う子たち（複数人）にお願いをして，全体の前で歌ってもらう。

個人のめあてと自己評価…学年のめあてとは別に，毎時間の練習において個人のめあてを決め，練習が終わったら自己評価を行う。

パート練習が重要…合唱にしても合奏にしても，パートごとに正しく音を出せることが大切である。そのために，パート練習の時間をしっかりと確保し，何度も練習を行う。

07 「委員会・クラブ」のポイント

> **POINT**
> 　委員会とクラブのねらいを子どもに丁寧に説明しよう。その上で活動に入り，がんばりや活躍を褒め，認めることで，日頃の生活にもよい影響が出る。

1 「委員会・クラブ」のねらいとは

　6年生は，これまでに委員会もクラブも経験しているため，どのような活動を行うのかは理解しています。しかし，意義ややりがいを感じられず，言われるままに活動してきた子は，「面倒だ」「やりたくない」という気持ちをもっています。委員会とクラブを決めるタイミングで，「どういうねらいで委員会とクラブが位置付けられているのか」「活動のポイントは何なのか」といったことを，子どもにもう一度丁寧に説明することが大切です。

　学習指導要領には，下記のように目標が明記されています。

【委員会（※記載は児童会活動の目標）】異年齢の児童同士で協力し，学校生活の充実と向上を図るための諸問題の解決に向けて，計画を立て役割を分担し，協力して運営することに自主的，実践的に取り組むことを通して，第1の目標に掲げる資質・能力を育成することを目指す。

【クラブ】異年齢の児童同士で協力し，共通の興味・関心を追求する集団活動の計画を立てて運営することに自主的，実践的に取り組むことを通して，個性の伸長を図りながら，第1の目標に掲げる資質・能力を育成することを目指す。

　すなわち，「異学年で協力して活動し，責任を果たす」「アイディアを出し，

創意工夫しながら活動する」「委員会を通して学校をよりよくしていく」「クラブを通して自分自身の興味関心を高める」ことなどがねらいとなります。

　こうしたことを丁寧に説明するとともに，6年生としてこれまでの経験を生かし，リーダーとして活躍していってほしいと期待を込めて伝えます。

2　「委員会・クラブ」の指導のポイント

委員会の決め方…それぞれの委員会の仕事内容ややりがいなどを，昨年度までその委員会だった子に説明してもらいます。その上で，決め方について子どもに説明をします。私は希望調査票を配付し，第1希望から第4希望までの希望と，委員長などの役割に立候補する意思があるかどうかを書いてもらい，教師が調整して決定しています。子どもには，どの委員会であっても学校をよりよくするために大切な役割を担っていること，6年生としてみんなの活躍を期待していることなどを伝えます。決め方についてしっかりと説明し，子どもが納得した上で決めることが重要です。

担当職員に子どもの様子を聞く…委員会やクラブのそれぞれの担当職員に，子どもの活動の様子を聞きます。「○○先生があなたの働きに感謝していたよ」など，プラスのことは本人に伝えるとともに，クラス全体にも伝えて意欲向上を図ります。6年生でも褒められるのは嬉しいものです。当番忘れなどの課題については，本人を呼んで個別に話をします。

がんばりや活躍を褒める…子どもの委員会やクラブでのがんばりや活躍を目にしたら，本人そしてクラス全体に伝え，意欲向上を図ります。その際，委員会やクラブで6年生が活躍することで，学校全体がよりよくなっていること，6年生が学校をリードしていることにも触れます。そうすることで，最高学年としての自覚が高まり，日頃の学校生活においてもよい影響が出ます。

【参考文献】

- 中村健一著『ブラック運動会・卒業式』明治図書，2019年
- 土作彰著『明日からできる速効マンガ　6年生の学級づくり』日本標準，2016年
- 『小学校学習指導要領解説　特別活動編』文部科学省，2018年

教師の日常の姿で示していこう！

6年生との信頼関係の築き方

パーフェクトガイド

信頼関係は，日常が全て。率先垂範で示そう

> **POINT**
> 学級経営において何よりも大切なのは，教師と子ども一人一人との信頼関係。6年生の子どもは，教師の姿を実によく見ている。教師が率先垂範し，自らの姿で示していくことで，信頼関係を築こう。

1 6年生の子どもと信頼関係を築くには

　私は学級経営において，子ども一人一人と信頼関係を築くことを，何よりも大切にしています。下を向いているコップにいくら水を注ごうとしても入っていかないのと同じように，子どもと信頼関係を築いていないと，どんな話をしても，何をしようとしても，その子の心には入っていきません。

　逆に，子どもと良好な信頼関係を築いていると，教師が何かを指導したときに，子どもは「この先生が言うのだから聞こう」と思い，指導が入ります。「何を言うかではなく，誰が言うか」という言葉がありますが，この「誰」になっていくことが大切なのです。

　では，どうすれば6年生の子どもと信頼関係を築いていけるのでしょうか。本章では，子どもと信頼関係を築くための様々な実践や考え方を示していきますが，一言で表すならば，

「日常が全て（教師の姿で示す）」

ということになります。信頼関係は一朝一夕には築けません。信頼関係を築くには，教師が日々率先垂範し，自らの姿で示していく以外ありません。

2 教師の姿で示す

例えば，あいさつ。

子どもに対して，自分から進んであいさつをしているでしょうか。「あいさつは子どもからするものだ」として，あいさつをしない子に対して，「どうしてあいさつをしないんだ」と怒ったりしていないでしょうか。

「あいさつをしなさい」と子どもに指導するからには，教師が進んであいさつをする姿を子どもに示します。

また，周りの人に親切にすること。

忘れ物をした子に対して，「これ，使っていいよ」と，教師の予備をさっと貸しているでしょうか。「この子はよく忘れ物をするから，自業自得だ」として，「自分でどうにかしなさい」と突き放し，冷たい対応をしていないでしょうか。

「思いやりをもちなさい」「困っている人に優しくしなさい」と子どもに指導するからには，教師が周りの人（大人にも子どもにも）に思いやりをもって接する姿を子どもに示します。

6年生の子どもは，こうした教師の姿を，実によく見ているものです。そして，そういった一つ一つの姿から，この教師は信頼できるかどうかを判断しています。その積み重ねで信頼関係が築かれるのです。

最後にもう一度書きます。

信頼関係を築くには，日常が全てです。教師の姿で示していきましょう。

02 子どもが宿題を忘れた場合の対応

POINT

子どもが宿題を忘れたら，「宿題ルール」に基づいて落ち着いて対応することで，信頼関係を築こう。こうしたときに教師がどのように対応するかを，6年生の子どもはよく見ている。

1 子どもは教師がどのように対応するのかをよく見ている

「宿題を忘れずにやってきてほしい」。担任なら誰もがそう思うでしょう。しかし実際は，「よく宿題を忘れる子」がクラスに数名いるものです。1日だけならともかく，2日も3日も連続で宿題を忘れると，さすがにこちら（教師）もいらいらします。小言の1つや2つ，言いたくなります。

また，大勢の子が同時に宿題を忘れる日もあります。1人や2人ならともかく，5〜6人に次々と「先生，宿題を忘れました」「僕も…」「私も…」と言われると，だんだん腹が立ってきて，ガツンとお説教をしたくなります。

その気持ちはよくわかります。よくわかるのですが，朝からいらいらして一日をスタートさせるのは，気持ちのいいものではありません。宿題を忘れていない子からすると，いい迷惑です。

こうしたときに教師がどのように対応するかを，6年生の子どもはよく見ているものです。いらいらしたり怒鳴ったりするのではなく，落ち着いて対応することで，子どもと信頼関係を築いていきましょう。そのためには，「宿題を忘れた場合の対応（宿題ルール）」を前もって子どもと話し合って決めておくことをおすすめします。

2 「宿題ルール」に基づいて，落ち着いて対応する

　子どもに「宿題を忘れてしまうことってあるよね。忘れたときどうすればいいか，クラスのルールをみんなで決めておこう」と伝え，宿題ルールを話し合って決めます。このとき，子どもに全て任せるのではなく，「宿題は全員必ず提出してほしい」「3日も4日も遅れて出すのはやめてほしい」など，教師の要望もあらかじめしっかりと伝えておきます。

　ある年の私のクラスの宿題ルールは，下記のようになりました。

宿題が出た日	その翌日	その翌々日
Aという宿題が出る →宿題は学校で進めてよい。そうすることで，家での負担が少なくなり，宿題忘れの減少につながる。	Aの宿題を忘れた →次の日に持ってくるか，その日のうちに学校で終わらせる。次の日に忘れないように，連絡帳に宿題を忘れたことを書く。	またAの宿題を忘れた →2日連続の忘れになるので，その日のうちに学校（休み時間や空いた時間，放課後）で終わらせて，出して帰る。

　このように子どもと一緒にルールを決めておくと，忘れた子がいても，「宿題ルールではどうするんだっけ？」と聞いて，「明日持ってきます」「今日中に終わらせて，出して帰ります」と確認するだけで済みます。イライラしたり気分を害したりすることも軽減されるでしょう。

　忘れた子も，「宿題を忘れてしまった。まずいなあ…。」と思っているものです。くどくど・ねちねちと叱るのではなく，このようにルールに基づいて**落ち着いて対応する**ことで，子どもと信頼関係を築いていきます。

　なお，宿題忘れは，本人だけの問題ではなく，家庭環境の影響もあります。保護者に相談し，協力を仰ぐことも必要です。

03 子どもが忘れ物をした場合の対応

POINT

どんなに気を付けていても，忘れ物をすることは誰にでもある。子どもが忘れ物をしたら，くどくど・ねちねちと責めるのではなく，「忘れ物ルール」を決めて対応することで，信頼関係を築こう。

1 忘れ物をすることは誰にでもある

「国語の教科書を忘れた…」「習字道具を忘れた…」このように，子どもが学習用具の忘れ物をすることは，毎日のように起こります。さて，子どもが忘れ物をしたとき，どのように対応しているでしょうか。

宿題を忘れたときと同じく，こうしたときの教師の対応を，6年生の子どもはよく見ています。いらいらしたり怒鳴ったりするのではなく，落ち着いて対応することで，子どもと信頼関係を築いていきたいものです。

そのために，まず原則としてもっておきたい認識が，**「どんなに気を付けていても，忘れ物をすることは誰にでもある」**ということです。自分自身を振り返ってみても，これまでに忘れ物をしたことはあるはずです。その認識を持っているかいないかで，子どもへの対応も変わってきます。

例えば，もしあなたが提出文書を出し忘れたとします。「え〜！？今日までに提出してって言ったよね！？おいおい，しっかりしてよ！」と不機嫌そうに言う管理職よりも，「わかりました。じゃあ，どうしますか？」（「明日，必ず出します」と答える）「わかりました。待っていますね」と，落ち着いておだやかに対応してくれる管理職の方が信頼できますよね。

これは，教師と子どもの関係でも同じです。くどくど・ねちねちと責める

のではなく，落ち着いて対応することで，信頼関係を築いていきます。その
ためには，宿題を忘れた場合と同様に，**「忘れ物をした場合の対応（忘れ物
ルール）」**を前もって子どもと話し合って決めておくとよいです。

２　忘れ物ルールを子どもと決める

　子どもに「宿題と同じく，忘れ物をしたときにどうすればいいか，クラス
のルールをみんなで決めておこう」と伝え，忘れ物ルールを話し合って決め
ます。話し合いの際に，教師の思いや願いもしっかりと伝えます。
　ある年の私のクラスの忘れ物ルールは，下記のようになりました。こうし
て**子どもと一緒に話し合ってルールを決めていくこと**が重要です。

〈ある年の「忘れ物ルール」〉

①次の日に忘れずに持って来ることができるように，忘れたものを連絡帳のその日のページにメモする。
②教師に連絡帳を見せ，「先生，○○を忘れました。貸してください」と言う。きちんと伝えることができたら，「いいよ。はい，どうぞ」と言って，教師の予備を貸す。 ※きちんと伝えることができたら，不機嫌そうに貸したり，くどくど・ねちねちとお説教したりしない。
③返すときは手渡しで返す。黙って教師の机の上に置いたり，勝手に元の場所にしまったりするのではなく，教師のところに来て，「ありがとうございました」とお礼を言ってから片付ける。 ※そのときに，「きちんとお礼が言えたね。連絡帳を見て，明日持ってきてね」と一声かける。

６年生との信頼関係の築き方

04 困ったら，
子どもに相談しよう

> **POINT**
>
> 教師から相談されることで，子どもは「先生は僕たちを信じて，頼りにしてくれている」という気持ちになる。困ったときは，子どもを頼りにして相談しよう。

1 「自分で考えたい」「自分で決めたい」と思っている子ども

　p.14「小6担任としてのスタンス」において，「この時期の子どもは，『こうしなさい』『ああしなさい』と大人に指図されるのを嫌がります。指図されるのではなく，『自分で考えたい』『自分で決めたい』と思っているのです」と述べました。そうした思いをもっている6年生の子どもと信頼関係を築くポイントの一つが，「困ったら相談する」ということです。

　例えば，担任しているクラスで，「言葉遣いの乱れ」が気になっているとします。このことを改善するために，どのような対応をとりますか？

　多くの場合，「最近，クラスにおいて，言葉遣いが乱れていると先生は感じています。言葉遣いがよくないと，クラスの雰囲気が悪くなっていきます。言葉遣いを見直していってください。みんな，わかりましたか？」と子どもに伝えて改善を促すと思います。

　教師の思いを伝えるのはとても大切なことですが，このように一方的に伝えるだけでは，子どもは受け身の状態になり，あまり効果は期待できません。こういうときは，子どもを頼りにして相談してみましょう。

2 子どもを頼りにして，相談しよう

　左記の例ですと，子どもにこう伝えます。

教師「みんな，先生は最近のみんなの様子を見ていて，これはどうかなあと思っていることがあるんだ。相談していいかな？」

子ども「いいよ。どうしたの？」

教師「気になっているのは，最近のみんなの言葉遣いなんだよね。『キモい』とか『ウザい』とか『は？バカかよ』といった言葉を友達に対して使っているのを耳にすることがあるんだけど，それってどうなのかなあ。先生は，言葉遣いがクラスの雰囲気や人間関係をつくると思っているから，言葉遣いにくれぐれも気を付けてほしいんだけど…。どうすればいい？みんなはどう思う？クラスの言葉遣いについて，一緒に考えてくれない？」

　このように相談をもちかけます。この後は，

①子どもが話し合い，改善するためのアイディアを考える
②出たアイディアの中のどれかを子どもが選ぶ
③「みんな，話し合ってくれて，どうもありがとう。今日からこのアイディアを試して，言葉遣いを改善していこう。先生も声をかけていくね」
　と伝えて，実践してみる。うまくいかなければ，①②を繰り返し，別の
　アイディアを行う

という流れで進めていきます。この流れは，上越教育大学教授の赤坂真二氏が薦めている「クラス会議」の実践とよく似ています。

　子どもは，教師から相談されることで，「先生は僕たちを信じて，頼りにしてくれている」という気持ちになります。また，改善策を自分たちで考えて実践することで，教師から一方的に言われるよりも，効果が期待できます。

　このように，**気になることや困ったことがあったら，子どもを頼りにして相談すること**が，6年生の子どもと信頼関係を築くポイントです。

05 「おしゃべりタイム」で子ども一人一人と話そう

◦ POINT ◦

子どもと話をしないのに，信頼関係を築けるはずがない。
「おしゃべりタイム」を通して，子ども一人一人とたくさん話をして，信頼関係を築こう。

1 「森を見て木を見ず」になっていないか

みなさんは，毎日クラスの子ども全員と話していますか？私は，自分では「話している」と思っていました。しかし，子どもが下校した後，全員と話したかどうか確認してみると，一日一緒にいたのに，一言も話をしていない子がいることがわかりました。それも，一人ではなく，何人もです。クラス全体に向けて話をすることが多くありますので，それを一人一人と話をしたかのように錯覚していたのです。まさに「森を見て木を見ず」でした。

子どもと話をしないのに，信頼関係を築けるはずがありません。そこで私が始めたのが，子ども一人一人との「おしゃべりタイム」でした。

2 「おしゃべりタイム」を通して対話を重ねる

「おしゃべりタイム」とは，言わば「子どもとの個人面談」です。教師と子どもが1対1で話をします。

子どもと信頼関係を築いていくためには，対話が欠かせません。対話をすることで，その子が何を思っているのか，学校生活で困ったことや悩みごとがないかを知り，教師の願いや思いも伝えることができます。「おしゃべり

タイム」を通して子ども一人一人と対話を重ねることで，信頼関係を築いていきます。

③ 「おしゃべりタイム」の方法

❶ 毎日，その日の日直の子どもと行う

　私は，その日の日直の子どもと「おしゃべりタイム」を行っています。私のクラスの日直は2人です。1人ずつ呼んで，「おしゃべりタイム」をします。毎日2人だと，時間もかからないので，無理なく続けることができます。1日2人は少ないように感じるかもしれませんが，これを毎日続けたら，30人学級であっても，年間に10回以上も1対1で話すことができます。

❷ 給食中に，教室の入口すぐの廊下で行う

　いろいろと試行錯誤した結果，私は「おしゃべりタイム」を給食中に行っています。「いただきます」をして，子どもが落ち着いて食べ始めたらスタートです。場所は，教室の入口すぐの廊下です。なぜ教室の入口すぐの廊下で行うのかというと，「おしゃべりタイム」をしながら，教室の子どもの様子も把握できるからです。給食指導中に教室を空けるわけにはいきません。教室の入口すぐの廊下だと，教室の子どもの様子が把握できます。廊下は給食中で静かなので，1対1で落ち着いて話すのにも適しています。

❸ 話す内容

　固い雰囲気はつくらず，「○○さん，最近，学校生活はどう？」と，肩の力を抜いて気さくな感じで話をするように心掛けています。「おしゃべりタイム」の中で必ず聞くことは，学校生活や友達関係において悩んでいることや困っていることです。何もなければ，「もし何か困ったことや悩みがあったら，すぐに相談してね。力になるからね」と言っておしまいです。その子が何か悩みや困りごとを話し出したら，しっかりと話を聞いて相談に乗ります。

06 「振り返り日記」で子ども 一人一人の気持ちを知ろう

> **POINT**
>
> 「おしゃべりタイム」と並行して「振り返り日記」を行い，子ども一人一人の気持ちを受け止めて話をすることで，信頼関係を築こう。

1 「毎日」子どもの気持ちを受け止めるために

前項で，子ども一人一人との対話の機会を設定するために，「おしゃべりタイム」を紹介しました。「おしゃべりタイム」は子どもと信頼関係を築くためにとても有意義な取り組みであることは間違いありませんが，毎日全員と一対一で話せるわけではないところが心に引っかかっていました。

そこで，「おしゃべりタイム」と並行して，「毎日」子ども一人一人の気持ちを受け止める取り組みを行いたいと思って取り入れたのが，「振り返り日記」です。

2 「振り返り日記」とは

「振り返り日記」とは，子どもがその日の学校生活を振り返り，自分の気持ちを書く日記です。軽井沢風越学園校長の岩瀬直樹氏の「振り返りジャーナル」の実践を参考にしています。振り返り日記は，子どもの気持ちを知る上で，とても効果的な取り組みだと感じています。6年生は思春期に入ってきており，対面だとなかなか本音を話さない子もいます。特に女子はその傾向が強いと言えます。そういう子にとっては，日記という形で自分の気持ち

を書くことは，対面で話すよりも抵抗感が少ないものです。

　このように，「おしゃべりタイム」と並行して「振り返り日記」を行うことで，子ども一人一人の気持ちを受け止め，信頼関係を築いていきます。

③ 「振り返り日記」のポイント

❶ 何のために行うのか…何のために振り返り日記を行うのかを伝えます。目的は，子ども一人一人の気持ちを受け止め，信頼関係を築くことです。「先生は，みんなの気持ちを受け止めて，力になりたいと思っているんだ。自分の気持ちを素直に書いて，先生に教えてほしいな」と話をします。

❷ 書き方…「業間休みに〜しました。給食は〜でした。国語で〜しました」という「出来事のみ」の日記にならないように伝えます。出来事を書いてもよいのですが，知りたいのは「気持ち」なので，今日一日の学校生活において「自分がどう思ったのか」を書いてほしいと説明します。

❸ 一日の最後に書く…振り返り日記を書くのは，その日の最後の授業の終わりまたは帰りの会です。その日を振り返ることができるように，一日の最後に書きます。書き終わった子から教師に見せます。

❹ 返事を書くかわりに「おしゃべり」…子どもの日記には返事を書くことが理想かもしれませんが，「必ず毎日全員に返事を書かないといけない」と思うと，続けるのに負担を感じます。振り返り日記の目的は，「返事を書くこと」ではなく，「子ども一人一人の気持ちを受け止め，信頼関係を築くこと」です。そのために私は，書き終わって見せにきた子と，返事の代わりに日記の内容についておしゃべりをしています。振り返り日記を始めるときに，子どもにそのことを説明しておくとよいでしょう。困っていることや悩みを書いてきた子がいたら，その日の放課後や次の日に時間を取り，しっかりと話を聞きます。このようにして，**「あなたの気持ちを受け止めて，力になりたいんだよ」**という思いを伝え続けていきます。

6年生との信頼関係の築き方

子どものよさやがんばりを褒める機会を設定しよう

> **POINT**
> 子どもは褒められると喜び，自分のよさやがんばりを認識し，自己肯定感や学校生活への意欲が高まる。子どものよさやがんばりをたくさん褒め，信頼関係を築こう。

1 6年生も褒められると嬉しい

　「子どもを褒めよう」とよく言われます。褒められることで子どもは喜び，自分のよさやがんばりを認識し，自己肯定感や学校生活への意欲が高まります。思春期を迎えている6年生の子どももそれは同じです。年頃なので，褒めてもあまり表情や態度に表さないかもしれませんが，心の中ではやはり嬉しいものです。

　しかし，子どもを褒めることの大切さはわかってはいても，学校生活は何かとせわしなく，時間に追われて，褒める機会をなかなか取れないことがあります。そこでおすすめするのが，「子どものよさやがんばりを褒める機会を設定する（クラスのシステムに入れる）」ということです。

2 学級だよりの読み聞かせで褒める

　担任しているクラスで，学級だよりを出している方も多いと思います。学級だよりは，子どもの学校での様子を保護者に伝えるだけではなく，子どもと信頼関係を築くツールにもなります。学級だよりによさやがんばりを書き，読み聞かせをするのです。私は朝の会の「先生の話」の中で毎日学級だより

の読み聞かせをし，いい雰囲気で一日のスタートを切るように努めています。

　学級だよりの読み聞かせを通してよさやがんばりを伝え続けることで，子どもは「今日は何のことが書かれているかな？」と楽しみにするようになります。読み終わった後，「みんな，本当によくがんばっているね」「先生はうれしいなあ」「いつもありがとう」と，改めて子どもを褒めたり，感謝の気持ちを伝えたりします。学級だよりの読み聞かせを通して，子どものよさやがんばりをたくさん褒め，信頼関係を築いていきます。

③　帰りの会の「先生の話」で褒める

　帰りの会の「先生の話」において，その日のよさやがんばりを伝えます。

　「今日のみんなのいいところを３つ言います。１つ目。音楽室に行く時に，サッと並んで静かに行けたことです。２つ目。掃除の時間に，みんなが黙働して，集中して掃除をしていたことです。３つ目。Ａさんが筆箱を落としてしまったときに，周りにいた子たちがすぐに拾ってあげたことです。どれも本当に素敵です。先生はとても嬉しくなりました。みんな，ありがとう」

　こういうふうに伝えると，子どもは嬉しく思い，これからもがんばろうという気持ちになります。このように，**「帰りの会で子どもによさやがんばりを伝える」**と決めておくことで，子どものよさやがんばりを発見しようとする意識が高まります。

　褒めるのは３つでなくても，２つでも１つでもよいと思います。大切なのは，**「褒めることを続ける」**ということです。子どもは，学校で一日がんばって過ごしています。朝早くから登校し，授業や休み時間，掃除や給食など，たくさんのことに取り組んでいます。その中で，キラリと光る素敵な行動をたくさんしています。それらは，何もしないと光が当たらず，埋もれてしまいます。教師が発掘して光を当て，子どもに伝えることで，信頼関係を築いていきましょう。

6年生との信頼関係の築き方

08 子どもが納得する叱り方を しよう

> **POINT**
>
> 　子どもと信頼関係を築いていくための重要なポイントの一つが，「叱り方」である。叱るときは毅然とした態度で叱り，叱った後はフォローをして信頼関係を築こう。

1 叱ることは，子どもの成長を促す上で重要

　子どもと信頼関係を築いていくための重要なポイントの一つが，「叱り方」です。叱ることは，その子のことを思い，間違いを正すために行う教育的行為であり，子どもの健やかな成長を促す上でとても大切なことです。特に，**命に関わる危険なことや周りの人に迷惑をかけることをしたときは，毅然とした態度で叱ることが必要**です。学研のアンケート調査では，高学年になると「きちんと叱ってくれる先生」を好きと答える割合が高くなります。

2 信頼関係を築くための叱り方

　以下に，子どもと信頼関係を築くための叱り方のポイントを挙げます。

❶ その子が落ち着くまで待つ

　話を聞くにしても叱るにしても，興奮したり泣いていたりすると，教師が何を言っても伝わりません。そういうときは，「落ち着いたら話をしよう」と伝え，その子が落ち着くのを待ちましょう。

❷ 叱る場所を考える

どこで叱るべきか，場所を考えます。その子と落ち着いて話せる場所がよいでしょう。クラス全員の前で叱ると，その子のプライドが傷つき，これまで築いてきた信頼関係が崩れる恐れがあります。

❸ 感情的にならない

感情的に叱っても，教師に対する不信や怯えしか残りません。まずは，「どうして叱るのか」「何がよくなかったのか」など，叱る理由を伝えます。そして，そうした言動をとってしまったその子の気持ちを聞きます。

叱る際は，「前にもあなたは〜」「あなたはいつも〜」など，過去のことや日常のことを持ち出したり，「〇〇くんはこうなのに〜」と，周りの子と比べたりしないようにしましょう。**叱るべきは，その子の人格ではなくその行動です。そのために，叱るときはＩメッセージで伝える**とよいです。

③ 叱った後のフォローが大切

「叱っておしまい」ではなく，叱った後のフォローが大切です。叱った子の様子を見て，時間が経って落ち着いた状態になったら，「Ａくん，ちょっといいかな？」とさりげなく声をかけます。そして，「何かもやもやしていることはない？」「今どう思ってる？」などと聞きます。その上で，「さっき，先生が伝えたかったのはね…」と落ち着いてこちらの本意を改めて伝え，「これからも期待しているよ」「信頼しているから，がんばってね」と励ましの言葉をかけます。このとき，叱りモードや威圧的になってはいけません。普通におしゃべりをする感じで話をします。

このように，**子どもを叱ったときは，その後でその子をもう一度呼んで落ち着いて話をし，フォローすることが大切**です。また，**クラス全体にも，「さっき，先生が叱ったのはね…」と落ち着いて理由を説明する**とよいでしょう。叱った本意を子どもに丁寧に伝えることで，信頼関係を築いていきます。

【参考文献】

- 浅野英樹著『「子ども・保護者との信頼関係づくり」パーフェクトガイド』明治図書，2021年
- 金大竜著『「気になる子」「苦しんでいる子」の育て方』小学館，2016年
- 川上康則著『教室マルトリートメント』東洋館出版社，2022年
- 岩瀬直樹・ちょんせいこ著『「振り返りジャーナル」で子どもとつながるクラス運営』ナツメ社，2017年
- 古舘良純著『小学6年担任のマインドセット』明治図書，2022年
- 中嶋郁雄著『高学年の叱り方ほめ方』学陽書房，2024年

よさや長所に目を向ける！

子ども同士の関係性の構築

パーフェクトガイド

PERFECT GUIDE

PERFECT GUIDE

「友達のいいところ探し」を通して，関係性を深めよう

> **POINT**
> 「友達のいいところ探し」を行い，一人一人のいいところをプリントに書くことで，友達のよさや長所に目を向ける意識を高め，子ども同士の関係性を深めよう。

1 友達のよさや長所に目を向ける意識を養う

　子ども同士の関係性を深めるには，「この人のここが好きだな」「この人，これをがんばっているな」と，友達のよさや長所に目を向けることが大切です。しかし，人は何も意識しないと「あの人はこうだから」「この人にはこういうところがあるから」と，人の嫌なところが目についてしまいます。また，6年生ですと，思春期に差し掛かり，これまでの人間関係に凝り固まり，新しい人間関係を築きづらいこともあります。そういったことが危惧されるからこそ，**友達のよさや長所に目を向ける意識を養うことが必要です**。そのための取り組みとしておすすめなのが，「友達のいいところ探し」です。

2 「友達のいいところ探し」の方法

　「友達のいいところ探し」とは，クラスの友達一人一人のいいところを紙に書いて，みんなで共通理解するという取り組みです。**友達のいいところ探しを通してクラス全員が一人一人のよさを認識することで，子ども同士の関係性を深めていきます**。次にやり方を説明します。
　1　月曜日に，「今週は○○くんと△△さん」と，その1週間でいいところ

を探す人を2人決めます。席順でも出席番号順でも構いません。
2　1週間かけて，その2人のいいところを探していきます。「見つけたら忘れないようにメモするといいよ」と伝えると，メモする子が出てきます。
3　木曜日または金曜日に，クラス全員に「いいところ探しプリント」を渡し，その2人のいいところを書きます。
4　いいところを書いた紙を全員分貼り，印刷して全員に配り，クラスみんなで読みます。（下記参照）
5　1～4を繰り返し，クラス全員のいいところを探していきます。

3　意識を高めるポイント

・毎朝の朝の会で，日直に「今週のいいところ探しは，○○くんと△△さんです。」と言ってもらいます。
・決めた2人がキラリと光る行動をしたら，「○○くんのいいところ，発見！」と，教師がどんどん声に出して伝えていきます。
・「いいところ探しプリント」を配って読むときに，よさや長所に目を向ける価値を繰り返し伝え続けます。子どもにもどう思っているか聞きます。

02 レクやゲームを行って，友達と楽しく関わろう

> **POINT**
>
> レクやゲームを通して友達と楽しい時間を一緒に過ごすことで，心の距離が近くなる。時間ができたときにちょっとしたレクやゲームを行い，子ども同士の関係性を築こう。

1 レクやゲームを行うことのよさ

　子ども同士の関係性を築くためにおすすめなのが，ちょっとしたレクやゲームを行うことです。「ちょっとした」というのは，「短時間で終わる」「ルールが簡単」「準備が楽」ということです。

　レクやゲームを通して友達と楽しい時間を一緒に過ごすことで，心の距離が近くなります。それは，思春期にさしかかっている6年生の子どもも同じです。普段のちょっと大人びた顔とは違い，無邪気で子どもらしく，笑顔で友達と関わる姿が見られます。

　授業が早く終わったときや時間が空いたときなどにちょっとしたレクやゲームをどんどん行い，子ども同士の関係性を築きましょう。

2 レク・ゲームの例

　友達と楽しく関わることのできるレクやゲームの例を2つ紹介します。この2つ以外にも，本屋やインターネットでもたくさんの例が出ていますので，そちらも参考にしてください。

グループじゃんけん

〈必要な物〉

なし

〈やり方〉

①班ごとに「パー」「グー」「チョキ」のどれを出すか相談して決める。

②教師が「じゃーんけーん」と言ったら，班の友達とタイミングを合わせて，下記の動きをする。

　・「パー」の場合は全員が立ち上がる。

　・「グー」の場合は全員がしゃがむ。

　・「チョキ」の場合は2人だけ立ち上がる。

③何回か行い，たくさん勝った班がチャンピオン。みんなで拍手をする。

マッチングゲーム

〈必要なもの〉

なし

〈やり方〉

①班またはペアで取り組む。

②教師がお題を出す。例「休み時間の遊びと言えば？」

③教師が「せーの！」と言ったら，班（またはペア）の友達とタイミングを合わせて，「鬼ごっこ！」「ドッジボール！」など，自分が考えたものを言う。同じ答えを言えば，マッチング成功。

④何回か行い，たくさんマッチングできた班（またはペア）がチャンピオン。みんなで拍手をする。

　他にも，「UNO」「トランプ」「DOBBLE」などのカードゲームや「なぞなぞの本」など，市販されているものを教室に用意しておくとよいでしょう。友達と楽しくコミュニケーションを取り，関係性を築くツールとなります。

03 言葉を大切にしよう

POINT

子ども同士が良好な関係を築くためには，「言葉」が大切である。言葉の大切さを様々な手法で子どもに伝えて意識を高め，良好な関係性を築く土台を作ろう。

1 言葉が良好な関係の土台

　私は，子ども同士が良好な関係を築く上で，「どのような言葉を使うか」ということがとても大切であると思っています。大人でもそうですが，言い方や伝え方次第で相手の感じ方が変わります。同じことを伝えるにしても，丁寧で配慮ある言い方だとその人を好意的に感じますが，強く一方的な言い方だとそうは思いません。その人と良好な関係を築こうとは思わないでしょう。

　クラスで男女のトラブルや友達同士のトラブルが起こる前兆として，「言葉の乱れ」があると感じています。**言葉の大切さを様々な手法で子どもに伝えて意識を高めることが，子ども同士が良好な関係性を築く土台**となります。

2 「言葉」を大切にするための手立て

「ふわふわ言葉」と「ちくちく言葉」

① 「ふわふわ言葉（教室にあふれさせたい言葉）」と「ちくちく言葉（教室からなくしたい言葉）」を子どもが考える。

② 「ふわふわ言葉」を画用紙に書いて掲示する（子どもが作成するとよい）。

（例）「ありがとう」「大好き」「いいね」「上手」「すごいね」

③「ふわふわ言葉」を使っていたら褒めたり感謝したりするとともに，教師
　も率先して使う。

「ありがとう」の反対の言葉は？

①「ありがとう」は漢字でどのように書くのか子どもに聞く。

②「ありがとう」は「有難う」，すなわち「有る」ことが「難しい」と書く
　ことを伝える。

③「ありがとう」の反対の言葉は何か子どもに聞く。

④「ありがとう」の反対の言葉は「当たり前」であることを伝える。

⑤教師の語り…「『ありがとう』と言葉で伝えないと，『そんなの当たり前』
　『やってもらって当たり前』と，何でもかんでも当たり前だと思ってしま
　うよ。当たり前だと思っていることも，本当は有ることが難しいこと。だ
　からこそ，友達に『ありがとう』と言葉に出して感謝を伝えることが大切
　だね」

ありがとうカード

①朝の会で，クラスの誰かの名前が書いているカードをランダムに配る。

②一日かけて，その子のよさやがんばりを探して，カードに書く。

③帰りの会でその子の所に行き，カードに書いたことを読み上げ，最後に
　「いつもありがとう」と笑顔で伝えてカードを渡す。

　「言霊」という言葉の通り，言葉には力があります。そして，どのような
言葉を使うかは，自分で決められます。だからこそ，**言葉に気を付け，友達
と良好な関係性を築いていこう**と子どもに伝えます。

　そしてやはりここでも大切なのは，教師の率先垂範です。教師が言葉を意
識し，子どもに対して「ふわふわ言葉」をたくさん使って範を示していきま
しょう。

 授業で関わりをもたせよう

> ● POINT ●
> 授業は子ども同士の関係性を築くチャンス。授業では，さほど抵抗感なく一緒に活動する子どもの姿が見られる。授業でどんどん関わりをもたせ，子ども同士の関係性を築こう。

1 授業は子ども同士の関係性を築くチャンス

p.86で，「授業づくりは学級づくりである」と述べました。まさに授業は子ども同士の関係性を築くとてもよいチャンスです。

子どもは基本的に「授業にしっかり取り組まないといけない」と感じています。そのため，授業中に友達と関わる機会を設定すれば，「この人とは普段あまり話さないけれど，授業だからやらなきゃ」と思い，さほど抵抗感なく一緒に活動する姿が見られます。

特に思春期に差し掛かった6年生は，何も手を打たないと男女で距離をとりがちです。「男女の仲が悪いけれど雰囲気のよいクラス」というのは聞いたことがありません。授業で男女混合のペアやグループにして，積極的に関わりをもたせるとよいでしょう。

一緒に活動する中で，「この子にはこういうよさがあるんだ」「これまであまり話してこなかったけれど，この人は頼りになるなあ」と，これまで知らなかった友達の一面を知ることができます。

授業でどんどん関わりをもたせ，子ども同士の関係性を築いていきましょう。

2 授業での関わりのもたせ方

ペアトーク

　一番手軽にできるのが，このペアトークです。授業中，事あるごとにペア（2人組）で話し合います。私は，Aペア（横の2人組），Bペア（縦の2人組），Cペア（ななめの2人組）と3つのペアを作り，いつも同じ人とばかりにならないように工夫しています。

班での活動（話し合いや発表など）

　班での活動は，ペアトークよりも人数が多いため難易度が高くなります。テーマに沿って班で話し合って意見をまとめたり，班で協力して発表をしたりします。4人以上の話し合いの場合は司会者を立ててもよいでしょう。「話すときのポイント（何に気をつけて話すか）」「聞くときのポイント（何に気をつけて聞くか）」を前もって子どもに説明して取り組むと効果的です。

学び合い（ルールを決めての立ち歩き）

　一定のルールに則って，教室を自由に立ち歩いて子ども同士で話し合ったり教え合ったりします。例えば国語「川とノリオ」において，「ノリオの気持ちをノートに書きましたね。それでは，教室を自由に歩いて，友達と意見交換をしてください」と伝えます。このとき，「男子2人以上・女子2人以上と意見交換をする」「男→女→男→女の順番で意見交換をする」「『この意見がよい』と思った友達を1人選ぶ（後で紹介してもらう）」などの条件をつけるとよいでしょう。

発表会

　国語の音読発表会や総合のテーマ別発表会など，全体の前で行う発表会を設定します。それに向けてグループを作り，友達と関わり合いながら取り組みます。グループは「これに取り組みたい」という自分の希望で決めるのが基本ですが，子ども同士の関わりのために，実態に応じて「男女混合」「〇人以上」などの条件をつけてもよいでしょう。

05 友達と関わるクラスの システム作り

> **POINT**
>
> クラスのシステムは，日々の学校生活の様々な場面で稼働するので，子ども同士の関わりを無理なく担保することができる。クラスのシステムを工夫し，子ども同士の関わりをもたせよう。

1 クラスのシステムで子ども同士が関わる

第4章「小6学級システム」において，当番活動・係（会社）活動・日直・給食・掃除・班活動といった基本的なクラスのシステムを紹介しました。

クラスのシステムを作るときに私が重要視しているのが，**「子ども同士の関わりをもたせること」**です。どのようなシステムにすれば，子ども同士が関わり，関係性を構築することができるのかを考えています。

そして，こうした教師の考えは，子どもにも説明しています。6年生の子どもは，一方的に進められたり，そうする理由がわからなかったりすると，教師に不信感を覚えます。自分の考えとの差異はあったとしても，「なぜ教師がそうするのか」「どのように考えているのか」ということがわかることで納得するものです。

クラスのシステムは，日々の学校生活の様々な場面で稼働します。ということは，**システムを工夫することで，子ども同士の関わりを毎日無理なく担保することができます。**クラスのシステムを工夫して，子ども同士の関わりをもたせましょう。

2 クラスのシステムで関わりをもたせる工夫

　私は，子ども同士の関わりをもたせるために，クラスのシステムにおいて下記のような工夫をしています。

システム名	子ども同士の関わりをもたせる工夫
当番活動	・当番ごとに２人以上で活動 ・男女
係（会社）活動	・係（会社）ごとに２人以上で活動 ・男子のみ・女子のみでもよい。 　※自分の興味関心によって決める。
日直	・出席番号順または席順で２人体制 ・男女
給食	・給食当番のためのグループを編成 ・男女
掃除	・掃除場所ごとにグループを編成 ・男女
班活動	・席の場所でグループを編成（３〜５人） ・男女

〈主な工夫点〉

①２人以上で活動する。※グループの中で一人一人の役割を決める。

②それぞれのシステムごとにグループを編成する。

　※「同じグループで給食も掃除も班活動も行う」ということをしない。

③基本的に男女で活動する。※係（会社）活動以外

　このような工夫をすることで，子どもは男女問わずクラスの様々な友達と関わることができ，関係性の構築が期待できます。

06 「クラス遊び」でつながろう

> **POINT**
>
> 良好な関係を築くためには，楽しい時間を一緒に過ごすことが効果的。「クラス遊び」の時間を設定してみんなで遊ぶことで，関係性を深めるとともに，新たな関係性も築こう。

1 クラス遊びのよさ

　誰かと良好な関係を築くためには，楽しい時間を一緒に過ごすことが何より効果的です。学校において，子どもがほっと一息つけて楽しみにしている時間というのは，やはり休み時間でしょう。

　子どもは休み時間に，それぞれ自分と仲の良い友達と過ごす姿が見られます。それは当然のことですし，全く悪いことではありません。ただ，「関係性の構築」という観点から見ると，ずっとそれだと新たな関係性の構築はなかなか期待できません。

　そこで，1週間に1回でもよいので，「クラス遊び」の時間を設定しましょう。みんなで遊ぶ楽しい時間の中で子ども同士が関わることで，それまでの関係性の深まりと新たな関係性の構築の両面が期待できます。

2 クラス遊びのポイント

❶ 教師の意図を伝える

　上記のような教師の意図（なぜクラス遊びを設定するのかということ）を，まずは子どもにしっかりと説明します。子どもの意見もよく聞きます。

❷ クラス遊び係を決め，子ども主体で活動する

　私のクラスでは，係（会社）活動で「クラス遊び係」があります。クラス遊びが好きな子が集まり，係（会社）をつくってクラス遊びの内容や時間を決めています。主に下記のように行っています。

・クラス遊びは基本的に週に1回。多く設定して無理をしすぎない。
・委員会活動等でクラス遊びに参加できない友達のために，「今週は火曜日の業間休み」「来週は水曜日の昼休み」と時間を変えながら実施している。
・クラス遊びがある日は，朝の会の「みんなへの連絡」で，「今日は業間休みに氷鬼をします。持ち物は赤白帽子です。最初の鬼は…」と呼びかける。
・「今日のクラス遊び」という掲示物を作成し，いつでも見ることができるように黒板に貼っておく。

❸ 関係性を築くためのおすすめクラス遊び

「王子様・お姫様氷鬼」
・基本的なルールは普通の氷鬼と同じ…鬼にタッチされたら氷になり，その場から動けない。友達にタッチされたら氷が解けてまた動くことができる。
・唯一違うのは，「女子は男子に，男子は女子にタッチしてもらわないと動けない」というところ。ここで男女の関わりが必要となる。
・子どもに「『王子様ー！助けてー！』『姫！ヘルプミー！』って笑顔で呼ぶといいよ」と伝えると，ノリのいい子は面白がって呼ぶ姿が見られる。
・同じような意味合いで，「お姫様ドッジボール」（女子の1人がお姫様となり，男子が守る）も面白い。

❹ 子ども同士の関係性だけでなく…

　クラス遊びは，子ども同士の関係性の構築だけでなく，教師と子どもの関係性の構築にもつながります。一緒に遊ぶのでもよいし，すぐ近くで見ていても構いません。**大切なことは，「クラス遊びの場に教師もいる」ということ**です。6年生の子どもも，教師と遊ぶのを嬉しがってくれるものです。

「班ノート」でつながろう

> **POINT**
> 子ども同士の関係性の構築のためのツールの一つが，「班ノート」。班ノートを通して，思いや様子をお互いに伝え合い，関係性を築こう。

1 「班ノート」のよさ

　子ども同士の関係性の構築のためのツールの一つが，「班ノート」です。班ノートとは，その名の通り「班（席の場所によって構成されるグループ）のメンバーで回すノート」です。いわゆる「班の中での交換日記」ですね。

　p.116で紹介した「振り返り日記」が「教師と子ども」の関係性の構築をねらいとしているのに対し，「班ノート」は「子どもと子ども」の関係性の構築をねらいとしています。

　p.130にも書きましたが，６年生は思春期に入ってきており，対面だとなかなか本音を話さない子もいます。ですので，このように「書く」ことで自分の気持ちを伝えられる機会を設定することは，そういう子にとっては友達との関係性を築くきっかけになります。

　私も，「対面ではあまり話したがらないけれど，『振り返り日記』や『班ノート』には様々なことをたくさん書く」という子を，これまでに何人も見てきました。その子たちが大人になってから会ったときに，「先生，今も小６の頃の日記をもっています。日記，すごく好きでした」と言ってもらえて，とても嬉しい気持ちになりました。

2 「班ノート」のポイント

班のメンバーで1日交代で回す

班ノートの回し方は,「班のメンバーで1日交代」です。「月曜日…Ａくん,火曜日…Ｂさん,水曜日…Ｃくん」といった感じです。

書く量はその人次第

どれぐらい書くかは,その人次第です。日付・曜日・名前は必ず書きますが,それ以外は「今日はずっと家でごろごろしていました」のように,1行だけでも構いません。

書く内容は自由だが,人の悪口は書かない

どのようなことを書くかも,基本的には自由です。ただ,友達の悪口や,読んだ人が不快に思うようなことは書かないよう,班ノートを始めるときに子どもと確認します。これはSNS等のネットリテラシーの意識の向上にもつながります。6年生でこの意識を高めることは重要だと捉えています。

班ノートは誰が見てもよい

28人学級だと4人班が7つでき,合計7冊の班ノートがありますが,「班ノートは誰が見てもよい」というルールにします。書くのは自分の班の班ノートのみですが,読むのは自由です。これは,子ども同士の関係性構築の観点と,先述したネットリテラシー意識向上の観点からそのようにしています。

朝来たら教師に提出する

朝来たら,班ノートは教師に提出します。教師は班ノートを読み,「見ましたスタンプ」を押したり丸をつけたりします。その後,班ノートは誰でも見ることができるよう,教室内に置いておきます。そしてまた次の人が家に持って帰って書き,翌日に提出…という流れです。

私が20代で担任した子は,なかなか学校に来ることができなかったのですが,この班ノートは毎回書いていました。それにより,その子の思いや様子がわかり,友達同士のつながりを保つことができました。

【参考文献】

- 浅野英樹著『「子ども・保護者との信頼関係づくり」パーフェクトガイド』明治図書，2021年
- 岩瀬直樹著『クラスづくりの極意』農山漁村文化協会，2011年
- 赤坂真二編著『目的別学級ゲーム＆ワーク50』明治図書，2015年
- 甲斐崎博史著『クラス全員がひとつになる学級ゲーム＆アクティビティ100』ナツメ社，2013年

悔いのないように締めくくる！

9

卒業・学級じまい

PERFECT GUIDE

パーフェクトガイド

01 「スタートからの目」と 「ゴールからの目」

> **POINT**
> 「スタートからの目」と「ゴールからの目」。この時期は，「ゴールからの目」ばかりが強くならないように気を付けよう。両方の目でバランスよく子どもを見て，よい形で卒業に向かおう。

1 ゴールからの目が強くなりがちなこの時期

　年を越して1月に入ると，子どもも教師も「いよいよ卒業が近くなってきたな」という実感がわいてきます。登校する日が50日を切ってきて，だんだんと「卒業まであと○日」と意識してくるものです。

　この時期になると，私はいつもある先輩が話してくれた次の言葉を思い出します。

　子どもを見る目には，「スタート（4月）からの目」と「ゴール（3月）からの目」の2つがあります。

　「スタートからの目」で子どもを見ると，伸びたところや成長したところが見えてきます。「ゴールからの目」で子どもを見ると，課題点や改善点が見えてきます。

　本来は両方の目でバランスよく子どもを見ることが大切なのに，この時期になると，「ゴールからの目」ばかりが強くなりがちではないですか？

　この話を聞いたとき，私はとても耳が痛くなりました。当時は5年生を担任しており，「来年度は最高学年なのだから…」「6年生の0学期」「意識を

高めて６年生になったつもりで生活しよう」といった「子どもをあおる言葉」ばかりが多くなっていたからです。

　こういうふうに言われ続けると，子どもにとってはプレッシャーだと思います。私がそんなに気合いを入れていたことで，暑苦しいなあと感じていた子どももきっといたことでしょう。これはまさに，「ゴールからの目」ばかり強くなっていた証拠です。

　私は，「３月末までになんとかもっと成長させたい」という思いから，知らず知らずのうちにエゴ（自己実現の思い）が強くなり，力んで子どもと向き合っていたのです。今でも鮮明に覚えている出来事の一つです。

２　子どもがいい形で卒業を迎えるためには

　p.12でも述べましたが，私は６年生担任としての使命を，

・子ども一人一人にとって，小学校最後の１年間が充実したものになるように指導・支援していくこと。
・子ども一人一人が，自信と自己肯定感をもって中学校に進学できるように指導・支援していくこと。

と位置付けています。

　６年生の１月から３月は，「卒業」というゴールテープを切る前のとても貴重な日々となります。子ども一人一人がよい形で卒業を迎え，自信をもって中学校に進むとともに，大人になって小学校時代を振り返ったときによい思い出となるよう，教師として最善を尽くしたいと考えています。

　そのためにはこの時期に「ゴールからの目」ばかりを強くするのではなく，**「スタートからの目」と「ゴールからの目」の両方で子どもをバランスよく見ていき，卒業に向けて子どもを改めて褒め，認め，充実した日々を過ごしていきたい**と思っています。

02 「卒業までにしたいこと」を子どもに話し合わせる

> **POINT**
> 小学校生活の最後を悔いのないように締めくくり，学年・クラスの絆を深めてよい形で卒業を迎えるために，「卒業までにしたいこと」を子どもと話し合い，企画・実行しよう。

1 最後をどのように締めくくるか

前項の最初に，「年を越して1月に入ると，子どもも教師も『いよいよ卒業が近くなってきたな』という実感がわいてきます。登校する日が50日を切ってきて，だんだんと『卒業まであと○日』と意識してくるものです」と書きました。

1月から3月は，卒業を控えた特別な時期です。子どもも，6年間の小学校生活の終わりがすぐそこまで迫っていることを実感し，寂しさや切なさ，期待や不安が入り混じった何とも言えない気持ちの中で過ごします。

そういう時期だからこそ，小学校生活を悔いのないように締めくくるために，「卒業までにしたいこと」を子どもと話し合い，可能な限り実行してみてはいかがでしょうか。

2 子どもが主体となって企画・実行

❶ 目的を伝える

小学校生活の最後を悔いのないように締めくくり，学年・クラスの絆を深め，よい形で卒業を迎えるために，自分たちでイベントを企画・実行してほ

しいことを伝えます。

❷ 条件を伝え，何をするのか話し合う

「一部の人だけが楽しいもの・盛り上がるもの」ではなく，**「学年またはクラスで取り組むことができ，よい思い出になりそうなもの」**がふさわしいことを伝えます。その上で，子どもにどのようなことをしたいか話し合わせます。

これまでの私のクラスでは，「学年遊び」「卒業記念の調理実習」「クラスのアルバム作り」「タイムカプセル」「6年〇組ありがとう会」などが挙がりました。

❸ 子ども一人一人がどれかの担当になり，計画・準備を進める

「Aくん…学年遊び担当」「Bさん…卒業記念の調理実習担当」というふうに，子ども一人一人が②で出たイベントのどれかの担当になります。その上で，同じ担当になった友達と協力して，計画・準備を進めていきます。

ここでの教師の役割は，一つ一つのイベントの実施日を決定し，それに向けて子どもが計画・準備をする時間を確保することです。学級活動の時間等を活用するとよいでしょう。

❹ いよいよ本番！

「学年遊び」や「調理実習」などの本番では，担当の子どもが中心となり，司会・進行を行います。これまで計画・準備したことを発揮する場です。教師は，最初に子どもと目的（何のために行うのか）を共有した後は，子どもの中に入って全体に目を配りながら一緒に楽しみます。

「クラスのアルバム作り」や「タイムカプセル」などは，全て完成したら担当の子どもからみんなにお披露目をし，完成を祝います。

このように，子どもが主体となって，卒業までにしたいことを実行することで，卒業までの日々がより充実したものになります。

03 卒業までのスケジュール表を作成し，見通しをもつ

POINT

「卒業までのスケジュール表」を作成することで，見通しをもって子どもに指導をすることができる。そして，その指導の積み重ねが子どもの姿となる。日常の指導の先に卒業があるのだ。

1 「ただこなすだけ」にならないように

　卒業が近くなってくると，卒業アルバム・文集の制作や「6年生を送る会」「卒業式」の準備・練習等でどんどん慌ただしくなってきます。やらないといけないことが多くなると，どうしても教師に余裕がなくなり，ただこなすだけで精一杯になりがちです。

　卒業までの日々を子どもと一緒に充実したものにするためには，見通しをもち，計画的に動くことが大切です。そのためにおすすめなのが，「卒業までのスケジュール表を作成する」ということです。

2 日常の指導の先に卒業というゴールがある

　早いものだと，例えば卒業アルバムの写真撮影などは夏休み前から動き始めます。そしてそこから12月にかけてやることが次々と増えてきます。スケジュール表を作成することの一番のよさは，**この膨大な量の「やること」を把握でき，見通しがもてる**ということです。

　卒業までの必要な準備を知っておくことで，どのような過程を経て卒業を迎えるのかがわかり，子どもにその都度適切な指導をすることができます。

そして，その指導の積み重ねが，卒業式に臨む子どもの気持ち，卒業式での子どもの姿となって現れます。まさに，**日常の指導の先に卒業というゴールがあるの**です。

３ 「卒業までのスケジュール表」の一例

　私は，学年職員全員で下記のようにして「卒業までのスケジュール表」を作成しています。
①卒業までに行うことを全て洗い出し，書き出す。
②書き出したものの完了日（目安でよい）を明記する。
③必要に応じて担当を決める。
　下記に例を載せますので，参考にしてください。どのような形式でも構いません。繰り返しになりますが，学年職員でスケジュール表を共有し，卒業に向かって見通しをもって動くことが大切です。

やること	完了日	担当
卒業証書の氏名・生年月日確認（家庭と連携）	12月中旬	佐藤
卒業証書最終確認	２月上旬	佐藤
卒業式「門出の言葉（呼びかけ）」作成	２月上旬	鈴木
卒業式練習計画作成	１月下旬	鈴木
卒業アルバム写真撮影	12月下旬	高橋
卒業アルバム文集・クラスページ作成	12月下旬	高橋
「６年生を送る会」内容・練習計画作成	１月上旬	田中
在校生へのプレゼント作成	２月中旬	田中
卒業制作（図工）	２月下旬	各担任
成績処理	３月上旬	各担任

卒業・学級じまい

「6年生を送る会」への取り組み方

> **POINT**
> 「6年生を送る会」の準備・練習に取りかかる前に、趣旨をしっかりと子どもに考えさせよう。それが、出し物の内容や会に取り組む姿勢、ひいては卒業までの日頃の姿につながる。

1 「6年生を送る会」の6年生の趣旨は？

　2月下旬頃に、児童会行事として「6年生を送る会」（卒業を祝う会）を実施している学校が多いと思います。在校生（1～5年生）の立場としては、「6年生を送る会」の趣旨は明らかです。「卒業を迎える6年生に、これまで学校をリードしてくれた感謝と労いの気持ちを伝えるとともに、卒業を祝う」ということです。

　それでは、6年生としての「6年生を送る会」の趣旨は何でしょうか。どのような気持ちで参加すればよいのでしょうか。この会の準備・練習に取りかかるにあたって、そこを子どもに問いかけ、確認しておく必要があります。

2 卒業までの日頃の姿につながるように

　先述した在校生側の趣旨を伝えた上で、「では、送られるあなたたち6年生としては、どのような気持ちで『6年生を送る会』に参加しますか？」「在校生に何を伝えたいのですか？」と聞き、一人一人に考えさせます。

　「『祝ってくれてありがとう』『○○小を任せたよ』という思いを在校生に伝えたい」「感謝の気持ちをもって参加したい」といった意見が挙がってき

たら，それを取りまとめて「学年のめあて」を作成します。こうした話し合いやめあての作成は，「子どもと共につくる」ことを目指し，実行委員を組織して行うとよいでしょう。

このように，準備・練習に取りかかる前に，会の趣旨をしっかりと子どもに考えさせることが，出し物の内容やこの会に取り組む姿勢，ひいては卒業までの日頃の姿につながります。

③ 6年生の出し物の例

6年生の出し物としては，在校生に「ありがとう」「○○小を任せた」といった「6年生のメッセージ」が伝わる出し物がふさわしいでしょう。年度末の忙しい時期なので，あまり手間や時間がかかるものはできません。おすすめとしては下記の通りです。

歌…音楽専科に依頼し，1月からの授業で練習を進めてもらう。感謝や門出のメッセージが伝わる曲を選ぶ。

呼びかけ…在校生にストレートにメッセージを届けるには，学年全員での呼びかけが効果的。歌と抱き合わせにして，歌の間奏で入れるのもよし，歌が終わってから入れるのもよし。

自分たちががんばってきた（大切にしてきた）ことの紹介…「あいさつ」「掃除」「委員会活動」など，この1年間自分たちが力を入れてきたことを紹介し，最後は在校生に向かって「○○小をよろしくお願いします」「さらにすばらしい学校にしていってください」などと締めくくる。ICTを用いて画像や動画を見せると効果的。

出し物とは違いますが，会の中で「6年生から在校生へのプレゼント」として，手縫いの雑巾などを渡すことがあります。こちらも家庭科の授業で進めておきましょう。

05 卒業に向けてのクラスの取り組み

> **POINT**
>
> 卒業に向けて，クラスでも「カウントダウンカレンダー」「ありがとう会」「クラス文集」などの取り組みを進め，クラスの絆を深めて卒業までの日々を充実させよう。

1 カウントダウンカレンダー

「カウントダウンカレンダー」とは「卒業まであと○日」という掲示物です。残り日数を可視化することで，もうすぐ卒業を迎えることを実感し，「残りの日々を大切に過ごしていこう」とクラスの雰囲気が高まっていきます。

【作成手順】

1　カウントダウンカレンダーを作る趣旨を子どもに説明する。
2　一人一人が一枚ずつカレンダーを作成する。
　　※30人学級では「あと30日」からのスタートとなる。
　　　例「卒業まであと30日！みんなで仲良く過ごそう！」
3　全員が作成し終わったら取りまとめて教室前方に掲示する。
4　朝の会でその日のカレンダーを書いた子が，みんなに見せながら読む。

2 「6年○組ありがとう会」

卒業間近の時期に，クラスでの最後の思い出づくりとして「6年○組ありがとう会」を開きます。

【会の流れ】

1　会の趣旨を子どもに伝え，「会の目標」を決める。そして，中心となって企画・進行を行う実行委員を募集する。

2　「会の目標」を達成するために，会で何をするのかを決める。その際，取り組んでほしいこと（「クラスのみんなにメッセージを伝える」「中学校に向けての抱負を一人一人が発表する」など）を教師も伝える。

3　プログラムが決定したら，役割を決める。「Aさん・Bさん→司会」「Cさん・Dくん→はじめの言葉」「Eくん・Fくん・Gさん→レク担当」など，全員に役割を割り振り，みんなで会をつくり上げる。

③　クラス文集（思い出のアルバム）

　「卒業アルバム」は学年全体で作成しますが，クラスの記念品として**「クラス文集（思い出のアルバム）」を作成します。**忙しい中ですので，あまり時間はかけられません。私は「プロフィール帳」のように簡単にできるものを毎年作成しています。

【作成手順】

1　クラス文集を作成する趣旨を子どもに伝える。中心となって取り組む実行委員を募集する。

2　構成を子どもと決める。私は下記のような構成で作成することが多い。
　　・写真ページ…教師が取りまとめて作成する。
　　・クラス名簿，表紙，裏表紙…実行委員が作成。
　　・個人ページ…一人一人が書く。プロフィール帳のようなもの。
　　・クラス新聞…それまでに新聞係が書いてきたものを取りまとめる。
　　・みんなからのメッセージ…寄せ書きをし合う。

3　構成が決定したら作成に移る。表紙・クラス名簿・裏表紙は，実行委員を中心にして作成ボランティアを募る。個人ページは一人一人が書く。全てのページがそろったら，製本してプレゼントする。

学校への奉仕活動

> **POINT**
> 奉仕活動を行うにあたって気を付ける点は,「やれと言われたから仕方なくやる」という受け身の活動にならないようにすること。提案の仕方を工夫し,子どものやる気スイッチをONにしよう。

1 受け身の活動にならないように

　卒業前に,6年生が学校のために奉仕活動を行う学校も多いと思います。私もこれまで6年生を担任した際は,毎回行ってきました。

　この奉仕活動を行うにあたって気を付ける点は,「やれと言われたから仕方なくやる」という受け身の活動にならないようにすることです。そのためには,子どもへの提案の仕方が大切になります。

2 子どもへの提案の仕方

❶ これまで6年間を過ごしてきた学校の写真を見せて提案する

　1年生の入学式から始まり,運動会や日常の様子などこれまでの様々な写真を見せ,「〇〇小と共に過ごしてきた」ことを実感させ,「あと〇日で,思い出がたくさん詰まった〇〇小ともお別れ」であることを伝えます。その上で,「卒業前に〇〇小にできることはないか?」と切り出します。

❷ これまでの6年生の例を示して提案する

　これまでの6年生がどのような奉仕作業を行ったのか,どういう姿で臨んだのかを子どもに示して提案します。写真や動画を見せると効果的です。そ

の上で,「あなたたちにできることは何かな?」と切り出します。

❸ 「校長先生(○○先生,○年生)からのお願い」として提案する

6年生が全員集まったところで,校長先生や在校生から,「学校のここがこういう状態で困っているから,6年生の力で何とかしてほしい」と提案してもらいます。その上で,「みんな,どうしますか?」と切り出します。

❹ 物語『わすれられないおくりもの』を読んで提案する

『わすれられないおくりもの』は,あなぐまがいなくなった後も,あなぐまの残したものの豊かさで,森の仲間たちが前を向いて生きていく物語です。

この絵本を読み聞かせしたあと,「在校生のために,あなたたちに残していけるものは何か?」と切り出します。

③ どのような活動を行うか

実際に何をするかは,「子どもからの意見」と「学校側の希望」をふまえて決定するとよいでしょう。実行委員を組織し,各クラスの意見を取りまとめたり,役割の割り振りを決めたりと,中心となって活動してもらいます。

私はこれまでに下記の活動に取り組んだことがあります。

・校内の清掃,環境美化

・外回りの手入れ,環境美化

・遊具のペンキ塗り

・在校生へのプレゼント作成

　(雑巾,配膳台テーブルクロス,教室入口にかけるカーテンなど)

また,奉仕活動とは異なりますが,「これまで授業等でお世話になった先生に手紙を書く」ということにも取り組んできました。こちらも取り組む場合は,「何のために」ということをしっかりと伝えましょう。

最後の授業参観
（学習まとめの会）

POINT

小学校最後の授業参観を「学習まとめの会」といった発表会にするのも一つの手。「どういう目的で行うのか」「どういう姿を保護者に見せたいか」というめあてを子どもと決めて取り組もう。

1 小学校最後の授業参観

　多くの学校では，2月頃に最後の授業参観が行われることと思います。6年生にとっては，小学校最後の授業参観となります。私はこれまで，最後の授業参観は，学年全体で「学習まとめの会」という発表会を実施することが多くありました。

　発表する内容は実行委員を中心に子どもと話し合って決めていくのですが，会を開くにあたって大切なことは，「どういう目的で行うのか」「どういう姿を保護者に見せたいか」ということです。「保護者に成長した姿を見せる」「『これまでありがとう』『中学校でもがんばるよ』といった思いを保護者に伝える」など，子どもと一緒に会のめあてを決め，その実現に向けて取り組んでいきます。

2 「学習まとめの会」のポイント

❶「学習まとめの会」を行うことを子どもに伝え，実行委員を組織する

　学年全体に，「2月〇日の小学校最後の授業参観で，『学習まとめの会』という保護者に向けての発表会を行う」ということを伝える。その上で，中心

となって活動する実行委員を各クラスで決定する。

❷ 発表する内容を決める

　実行委員と話し合いながら，発表する内容を決める。私はこれまでに，下記のようなことを行ったことがあります。

教科に分かれての学習発表…「国語」「社会」「体育」などの教科に分かれ，その教科に沿った発表をする（例…国語は群読，社会は歴史劇，体育はマット運動や跳び箱の発表など）。

クラスごとの発表…学年で発表内容をある程度揃えて，クラスごとに発表をする（例…「クラスのよいところ・思い出発表」「クラスごとに呼びかけ・歌・ダンス・群読・劇など」）。

一人一言…子ども一人一人が，「小学校での思い出」や「中学校での抱負」などを発表する。

学年全体での出し物…学年全体で呼びかけや合奏などを行う。「６年生を送る会」と同じ出し物や似た出し物にすると，練習の時間が短縮できる。

学年合唱…これも「６年生を送る会」「卒業式」と同じ曲にすると，新たに練習しなくてもよい。

写真スライドショー…これは教師からのプレゼント。６年間の歩みを写真スライドショーにして子どもと保護者に見せる。感動的な曲を BGM にすると涙を誘う。

　上記のような出し物を組み合わせて実施する。内容によっては１時間半〜２時間展開になる。場所は体育館が適している。

❸ 当日の司会進行も子どもが担当

　「まとめの会」という位置づけなので，子どもの成長や集大成を保護者に見てもらうためにも，当日の司会進行は実行委員を中心に子どもが担当する。プログラム等の掲示物も各クラスで割り振り，子どもが手作りするとよい。

08 「卒業アルバム・文集」の作成

> **POINT**
>
> 「卒業アルバム・文集」は，保護者がお金を出して購入し，一生手元に残るものである。「不適切な写真はないか」「文集の内容は適切なものか」など，配慮して作成することが必要。

1 「卒業アルバム・文集」の作成には配慮が必要

　卒業に際して，「卒業アルバム・文集を作成して子どもに渡す」ことは昔から当たり前のように行われてきました。しかし，よくよく考えると，作成・販売して利益を得るのは写真業者なので，教員が作成に携わる必要はないのかもしれません。しかし，子どもの写真や作文が数多く綴じこまれており，それを保護者がお金を出して買う以上，卒業アルバム・文集の作成に関しては，教員にも一定の責任があると考えます。「不適切な写真はないか」「全員が同じぐらい写真に写っているか」「文集の内容は適切なものか」など，配慮して作成することが必要です。

2 「卒業アルバム」の作成のポイント

❶ 卒業アルバムに載せる主な写真

- ・教職員集合写真
- ・子どもの個人写真
- ・委員会・クラブ活動写真
- ・行事写真
- ・クラス集合写真
- ・日常の授業風景写真
- ・学年集合写真
- ・校長先生の写真
- ・学年職員の写真

❷ 作成のポイント

・早いもの（職員集合写真や行事写真等）は春から撮影が入ってくるので，まずは教職員におおまかなスケジュールを伝える（「いつ職員集合写真を撮るのか」「どの行事に写真業者が入るのか」等）。

・子どもの個人写真やクラスの集合写真の撮影日が決まったら，子どもと保護者に伝える。子どもの個人写真の撮影は，思い出の品（ランドセルやサッカーボールなど）を手に持って撮るのも面白い。不登校の子がクラスにいたら，その子の撮影日の調整について，事前に保護者に相談しておく。

③ 「卒業文集」の作成のポイント

❶ 卒業文集に綴じ込む内容

・子ども一人一人の作文
・クラスページ
・６年生担任からのメッセージ
・６年生担任以外の職員からのメッセージ（校長・教頭・各学年など）

❷ 作成のポイント

・子どもの作文の下書きはパソコンで行うと，推敲や校正がしやすい。

・クラスページは，子どもと相談してテーマをいくつか決める（例「６年○組のいいところ」「６年○組の１年間の歩み」「もし宝くじで３億円当たったら」「今夢中になっていること」「将来の夢」等）。その上で，テーマごとに分担して作成する。

・子どもの作文にしてもクラスページにしても，誰かを笑いものにしたり誤字脱字があったりしないように，**下書きの段階で教師がしっかりとチェックをする**。保護者がお金を出して購入し，一生手元に残るものなので，不適切・不謹慎な内容にならないように心がける。

・教職員からのメッセージは，早めに依頼をする。

09 卒業式
〜準備から本番まで〜

> **POINT**
>
> 　いよいよ最後のしめくくりとなる卒業式。これまでの指導がここで集大成となって表れる。「どういう卒業式にしたいのか」ということを子どもに問いかけ，その思いを行動・姿で示そう。

1 卒業式に臨むにあたって

❶ 子どもへの語り

　卒業式に向けて取り組んでいく中で，私には忘れられないエピソードがあります。それは，初めて6年生を担任した時のことです。卒業式の初回の練習の際，先輩の先生が，凛とした声で次のように子どもに話をしました。

　「卒業式」の正式な名称を知っていますか？（子どもに聞く）「卒業証書授与式」と言います。その名の通り，あなたたち一人一人に卒業証書を渡す式です。考えてみてください。ただ卒業証書を渡すだけなら，いつもの教室で担任の先生から「はい，どうぞ」と渡すだけで用は済みます。なのに，どうして「卒業式」という大きな式を開き，保護者や地域の方や来賓などのたくさんの方をお招きして，先生たちに見守られながら，校長先生から直々に卒業証書を渡されるのでしょうか？（子どもにしっかりと考えさせる）

　それは，「僕たち・私たちは，この6年間でこんなに立派に成長することができました」ということを，卒業式での立派な姿で見せることで，お世話になった人たちに感謝の思いを伝えるためなのです。

9 「卒業・学級じまい」パーフェクトガイド　157

> 　保護者の方も，地域の方も，来賓の方も，あなたたちが小学校で過ごしたこの6年間，あなたたちが知っているところはもちろんのこと，知らないところでもずっとあなたたちのために力を尽くしてくれました。それは先生たちも同じです。そういった方々にあなたたちの姿で感謝の思いを伝える最後の場が，卒業式なのです。呼びかけや歌だけではありません。座り方・立ち方・返事の仕方・礼の仕方などの全てを通して，「これまで本当にありがとうございます。そして，これからもがんばっていきます」という思いをしっかりと見せてください。その思いがあれば，小学校の最後をしめくくるにふさわしい立派な姿で卒業式に臨めるはずです。
> 　さあ，一人一人に聞きます。「感謝の思いをもって卒業式に臨み，その姿で思いを伝える！」という決意ができた人はその場に立ってください。

　子どもは真剣に話を聞いていました。胸を打たれているのがわかりました。全員がやる気のこもった目をしてその場に立ちました。場の雰囲気が変わるのを感じました。私も子どもと同じく胸を打たれ，身が引き締まる思いがしました。教員として，卒業式に感謝の思いをもって臨もうと思いました。

　その後，一回一回の練習において子どもは真剣に取り組み，卒業式当日は立派な姿で卒業証書をもらい，卒業していきました。

❷ 卒業式のイメージをもたせ，目標を決める

　新型コロナウイルスの影響で，卒業式に在校生が参加しなくなった学校も多くあることと思います。その場合，子どもはこれまでに卒業式に参加したことがないので，具体的にどのようなことをするのかイメージがわきません。その場合は，昨年度の卒業式の映像を見せます。入場から始まり，卒業証書授与・合唱・呼びかけ・退場まで，子どもに関わるところは全て見せます。場の雰囲気も伝えます。このように，映像を見せてイメージをもたせ，先ほどの教師の語りをふまえた上で，子どもに目標をもたせます。学年全体としての目標だけでなく，一人一人が目標を立て，どのような思いで卒業式に臨むかを決めるとよいでしょう。

卒業・学級じまい

2 卒業式の基本指導

　卒業式の基本指導として，下記のような所作を子どもに教えます。言葉で説明するだけでなく，教師がお手本を実際にやって見せたり，両極（よい例と悪い例の両方）を示して，印象の違いを実感させたりするとよいでしょう。

歩き方…胸を張って，凛とした真剣な表情で歩く。視線は一点を見つめ，曲がるときは直角に曲がる。2人で入場・退場する場合は速度を揃える。

座り方…深く腰をかけ，背筋は丸めない。足は投げ出さず，靴の裏を床に付ける。手は揃えて重ねるか，軽く握って膝に置く。

立ち方…背筋を伸ばし，肩を少し後ろに引く。両足のかかとを揃える。指先はズボンやスカートの線に合わせて伸ばす。前を向いて胸を張る。

礼の仕方…気を付けの姿勢から，腰から45度程度曲げる。猫背になったり手が体から離れたりするのは×。1（礼）・2（止まる）・3（戻る）のリズム。

返事の仕方…短くはっきりと言う。「はい」ではなく「はいっ！」。50m先にいる人に聞こえるようなイメージで練習する。

卒業証書の受け取り方…これはかなり難しいポイント。「受け取るとき，左右どちらの手から出すのか」「受け取るとき，どのタイミングで一礼をするのか」「受け取った卒業証書は左右どちらの手で持つのか」など，学校によってやり方が異なる。職員で事前に受け取り方を決め，子どもに伝える。受け取った後の「回れ右」も最初はできない子が多い。教師が手本を示し，何度も繰り返し練習する。

受け取った後の卒業証書…これも学校によってやり方が異なり，「退場まで自分で持つ」「お盆を用意し，そこに置く」「親に渡す」などがある。昨年度までを参考に，受け取った後の卒業証書をどうするか決め，子どもに伝える。退場まで自分で持つ場合は，膝の上にどういう向きで置くのかを決めておく。

③ 「呼びかけ」「合唱」「一人一言」の指導

　卒業式の大きな見せ場は，「呼びかけ」と「合唱」です。最近では，卒業証書授与の呼名の返事の後に「一人一言」を言う学校もあると聞きます。それぞれのポイントを説明します。

❶ 呼びかけ

シナリオ作成…遅くても２月中旬までにはシナリオを完成させておく。作成にあたっては子どもの考えも取り入れるとよい。子ども一人一人に台詞があるようにする。呼びかけに５年生のパートがある場合は，５年生の担任と前もって打ち合わせをしておく。

一人一人の台詞…大きく息を吸い，感情を込めて会場に響く声で言う。早口にならないように気を付ける。前の人が言ってから「１・２」と２拍置いて言うとよい。

全員または一部（「男女別」「クラスごと」等）で言う台詞…出だしのタイミングを合わせ，揃えて言う。早口にならないようにする。力強さを大切にしながら，一言一言をはっきりと発音することを心がける。

❷ 合唱

　合唱に関しては，音楽専科との連携が欠かせません。学年職員として，「どういう姿・気持ちで歌ってほしいのか」「どういうことを大切にしていきたいのか」を事前に伝え，音楽の授業で練習に取り組んでもらいます。

国歌…会場内におごそかに響くように，粛然とした歌い方を指導する。大声でなくてもよい。

校歌…６年間歌い続けてきた思い入れのある校歌。校歌の歌詞の意味やこれまでの思い出を大切にして，思いを声に乗せて歌う。

合唱曲…「旅立ちの日に」「巣立ちの歌」などの有名な曲をはじめ，様々な曲があるので，音楽専科と相談してどの曲を歌うのか相談して決める。いくつか候補を選んで子どもが決めてもよいが，一般の曲ではなく，いわゆる合唱曲（合唱のためにつくられた曲）がおすすめ。呼びかけのクライマックス

で歌うことになるので，歌唱指導はもちろんだが，気持ちを込めて歌うことが重要。

❸ 一人一言（呼名の返事の後）

テーマを決める…「中学校に向けての抱負」「小学校の思い出」「将来の夢」「感謝の言葉」など，学年でテーマを決める。

一人ずつ言葉を考える…例えば「中学校に向けての抱負」というテーマでＡくんが「中学校でも野球をがんばります」という言葉を考えたとする。この場合は，卒業証書授与の際に，担任が「Ａくん」と呼名をしたら，Ａくんは「はい！中学校でも野球をがんばります！」と言うことになる。長くなりすぎないように気を付けるとともに，言葉の内容も確認が必要。

言葉の言い方…大きく息を吸い，会場に響く声で言う。早口にならないように気を付ける。

　「呼びかけ」「合唱」「一人一言」の指導で一番してはいけないのは，「どうして歌わないんだ！」「声を出せと言っているだろ！」と一方的で威圧的な指導をすることです。これをすると子どもが興ざめし，「やらされている感」が出ます。それでは一体何のための，誰のための式なのかわかりません。

　呼びかけと一人一言は，発表や声の出し方など日頃の「話し方」の指導と地続きにあり，合唱は日頃の歌唱指導と地続きにあります。「卒業式だから」ではなく，「卒業式に向けて」日頃から指導を続けていきましょう。

4　卒業式前日のポイント

❶ 前日のチェック項目…主に下記のことを確認しましょう。

卒業証書…全員分あるか。渡す順番になっているか。

呼名の名簿…もう一度呼名の練習を行う。ふりがなをふっておく。

ホルダー…呼名の名簿をはさむために用意。卒業式らしく華やかに。

服装（子ども・教師とも）…どのような服装で式に臨むのかを確認。

会場・教室準備…子ども・保護者を迎える準備は万全か。

❷「当日の流れ」の作成…「当日の流れ」をわかりやすく作成し，ホルダーにはさんでおくことを強くおすすめします。当日，何時に何をするのかが一目でわかるように自分でまとめておくのです。これを持っておくだけで安心感が違います。

5 卒業式当日のポイント

❶ 最終確認

　前日までに作成した「当日の流れ」を，朝にもう一度見返します。また，下記に説明する「最後の言葉のシナリオ」と「呼名」も，朝に再度声に出して言ってみます。緊張しますので，何度も練習しておくとよいでしょう。

❷ 教室で子どもを迎える

　登校してくる子ども一人一人を教室で迎えます。私はいつも合唱曲のBGMを小さな音で流しています。また，黒板に「卒業おめでとう。今日は最高の卒業式にしよう」といったメッセージを書いておきます。

　全員がそろったら，一日の流れの確認をし，時間があれば合唱や呼びかけの最後の練習を行います。学校によっては在校生との「お別れ式」や写真撮影があり，せわしなく時間が過ぎていきます。

❸ 卒業式後の学活で話す「最後の言葉のシナリオ」を作成しておく

　これも強くおすすめします。卒業式が終わったら，教室で最後の学級活動が行われます。学校によっては，保護者がカメラを構えてずらっと並んだ中で最後の話をすることになります。何とも言えない雰囲気ですので，前もって「最後の言葉のシナリオ」を作成しておくとよいでしょう。シナリオは，「子ども向けの言葉」と「保護者向けの言葉」に分けて作成しておきます。

　これが本当に最後の話になりますので，何を話すのかシナリオで確認しながら，子どもの目をしっかりと見て，これまでで一番気持ちを込めて話しましょう。

# 中学校との引き継ぎ

> **POINT**
> 中学校入学は子どもにとって一大イベント。大きく環境が変わるので，不安もある。新生活をスムーズにスタートできるように，引き継ぎを通して子どもの様子や配慮事項をしっかりと伝えよう。

1 中学校での新生活をスムーズにスタートできるように

　小6担任にとって最後の重要な仕事が，「中学校との引き継ぎ」です。「最後の」と書きましたが，近年では少し様相が変わってきています。私が勤務している自治体では，2月初旬～中旬に中学校の職員が複数人で授業参観に来て子どもの様子を直接見学し，その日のうちに引き継ぎ（学習面・生活面・性格・家庭環境等）まで行っています。

　中学校入学は，子どもにとっては一大イベントです。これまで6年間という長い時間を過ごしてきた小学校から巣立ち，新しい学校・新しいクラス・新しい先生・新しい友達と大きく環境が変わりますので，不安も強いと思います。環境の変化が苦手な子はなおさらです。

　子ども一人一人が中学校での新生活をスムーズにスタートできるよう，引き継ぎを通して中学校の職員に子どもの様子や配慮事項をしっかりと伝えましょう。

② 引き継ぎを通して伝えること

引き継ぎを通して主に伝えることは，下記の通りです。

・子どもの学習状況
・子ども同士の人間関係
・リーダーシップ，人間性等
・家庭環境　・健康状態
・特別支援　・その他伝えておく必要がある情報

繰り返しになりますが，引き継ぎは子ども一人一人が中学校での新生活をスムーズにスタートできるようにするために行います。「こんなトラブルがあった」「こういう悪いところがある」と子どものマイナス面や問題行動だけを伝えるのではなく，「どういう過程でそういう行動に至ったのか」「その際にどのように指導したのか」「それによりその子はどう感じ，どういう変容が見られたのか」「その子に合う指導の仕方はどのようなものか」ということをしっかりと伝えることが重要です。

③ 中学校に渡す書類

一般的に中学校に渡す書類は下記の通りです。

・指導要録一式（学籍に関する記録，指導に関する記録）
・保健関係書類一式（健康診断，歯科検診等）
・特別支援関係書類一式（個別の教育支援計画等）

私の自治体ではデジタルデータ化が進んでおり，紙媒体で渡さないものも多くあります。ただ，転居等で別の地区の中学校に進学したり，私立中学校に進学したりする子もいますので，「誰にどのような形で渡すのか」ということを事前に把握し，期日までに計画的に仕上げておきましょう。特に指導要録は各学年よりも早い仕上がりが必要です。

【参考文献】

• 多賀一郎編『小学6年の学級づくり＆授業づくり　12か月の仕事術』明治図書，2019年

•「授業力＆学級経営力」編集部『小学6年　学級経営ペディア』明治図書，2023年

• 中村健一著『ブラック運動会・卒業式』明治図書，2019年

共育を心がけよう！

10 小6保護者対応

パーフェクトガイド

PERFECT GUIDE

PERFECT GUIDE

 保護者との「共育」を
心がけよう

> ─ POINT ─
> 　保護者は，「子どもを共に育んでいくパートナー」である。子どもを「共」に「育」む「共育」を心がけてコミュニケーションをとり，保護者と信頼関係を築こう。

1 「教育」は「共育」

　私は，年度初めの学級懇談会で，保護者に必ず伝える言葉があります。それは，

> 「教育」は「共育」

ということです。

　お子さんの健やかな成長を願うのは，立場が違うだけで，私（教師）も保護者の皆様も同じです。学校と保護者の皆様でしっかりと連携を取り，協力し合って，小学校最後の1年間，子どもを『共』に『育』む『共育』を進めてまいりましょう。
　6年生の子どもは思春期に差し掛かり，口数が少なくなったり反抗的な態度をとったりすることがあり，不安・心配な気持ちになることもあるかと思います。お一人で悩まずに，もし何かありましたら，遠慮なく私（教師）に連絡・相談してください。私も，学級だよりや連絡帳などを通して，お子さんの学校での様子をたくさんお伝えしていきます。お子さんにとっ

て，そして保護者の皆様にとって，後で振り返ったときに小学校最後の一年間が素敵な思い出となるよう，私にできる限りのことを行っていきます。どうぞよろしくお願いいたします。

　そう，保護者は，「子どもを共に育んでいくパートナー」なのです。保護者は，仕事や家事で忙しい中，宿題や学習用具の準備など，様々なことに協力してくれます。**保護者と良好な関係を築き，「共育」を心がけていくことが，保護者と信頼関係を築く上での基本姿勢**です。

２　保護者が学校教育に対して望んでいること

　保護者と信頼関係を築くためには，保護者が学校教育に対して何を望んでいるのかを知っておくとよいです。「学校教育に対する保護者の意識調査」（ベネッセ・朝日新聞）に，「学校に望むこと」という設問があります。その中で，以下の３項目は，実に90%以上の保護者が望んでいることです。

> ①子どもの学校での様子を保護者に伝える
> ②保護者が気軽に質問したり相談したりできるようにする
> ③学校の教育方針を保護者に伝える

　ここから見えてくることは，「保護者は，学校・教師とのコミュニケーションを望んでいる」ということです。そのためには，学級だより・連絡帳・電話連絡・授業参観・学級懇談会・個人面談などの保護者とつながるツールを効果的に活用していくことがポイントです。
　p.106でも述べましたが，信頼関係は日常が全てです。「共育」を心がけて保護者とコミュニケーションをとり，信頼関係を築いていきましょう。

02 連絡帳を活用して 信頼関係を築こう

> ● POINT ●
>
> 　連絡帳は使う機会が多く，教師と保護者をつなぐ一番身近なツールと言える。連絡帳を効果的に活用することで，保護者と信頼関係を築こう。

1 連絡帳は，教師と保護者をつなぐ一番身近なツール

　教師と保護者は，連絡帳を通して様々な連絡をし合うため，連絡帳は教師と保護者をつなぐ一番身近なツールと言えます。**使う機会が多いということは，効果的に活用することによって，保護者の信頼を得ることができます。**連絡帳を通して，保護者と信頼関係を築いていきましょう。

2 連絡帳の書き方のポイント

❶ 必ずその日のうちに返事を書く

　保護者が連絡帳に書いてきた内容に関して，必ずその日のうちに返事を書いて返します。その日のうちに返事を書くことで，保護者は「先生はすぐに対応してくれた」と，教師への信頼が高まります。

　そのためには，朝のうちに連絡帳に目を通し，保護者から連絡があるかどうかを確認する必要があるのですが，何も言わないと6年生であっても子どもはうっかり見せ忘れてしまうことがあります。おすすめとしては，早い段階で全員の連絡帳を集めて，教師が目を通すことです。そのために私は，朝に次の日の連絡帳を書くようにしています。こうすることで，朝のうちに全

員の連絡帳を確認することができます。

❷ 信頼が高まる返事の書き方

　保護者が書いてきた内容に関して，返事が「承知しました」の一言だけでは，そっけなくて冷たい印象を与えてしまいます。忙しい中であっても，下記のように丁寧に返事を書くことが大切です。丁寧に返事を書くことで，保護者は「先生は丁寧に対応してくれた」と感じ，教師への信頼が高まります。私はこれをとても大切にしています。

・最初のあいさつ…「いつもご理解・ご協力ありがとうございます」
・内容への返答…「ご連絡いただいた○○の件ですが，〜〜」
・終わりのあいさつ…「ご連絡ありがとうございました。今後とも，どうぞよろしくお願いいたします」

❸ トラブルや困りごとへの返事

　トラブルや困りごとに関しては，連絡帳よりも電話での連絡をおすすめします。それは，事の詳細や，学校がどのように対応したかを詳しく説明する必要があるからです。また，連絡帳での返事は後に残りますので，中途半端な返事は書かない方が無難です。しかし，電話連絡を行う場合でも，連絡帳にその旨を一筆書いた方が丁寧です。例えば以下のような感じです。

　「いつもご理解・ご協力，誠にありがとうございます。ご連絡いただきました○○の件ですが，放課後にお電話で報告させていただきます。よろしくお願いいたします」

❹ 保護者が喜ぶメッセージ

　連絡帳に，下記のような保護者が喜ぶメッセージを書きます。

素敵な行いの報告…その日の学校生活で，キラリと光る素敵な行いを発見したときは，その子の連絡帳に書いて保護者に伝える。付箋に書いて連絡帳に貼るのもよい。

誕生日のメッセージ…誕生日の子どもの連絡帳に，「○○くん，12歳のお誕生日おめでとうございます！」とお祝いメッセージを書く。

丁寧でこまめな電話連絡を心がけよう

> **POINT**
> 電話も教師と保護者をつなぐ身近なツールである。言葉遣いや発言に気をつけ，気になることがあったら保護者に電話をかけてこまめに話をし，信頼関係を築こう。

1 保護者に電話連絡をする場合

　若手の先生から，「今日，～～ということがあったんですけど，保護者に電話して伝えた方がいいですか？」と聞かれることがあります。そういうとき，私は決まって次のように答えます。

　「そう思っているのなら，電話した方がいいよ。担任の先生から電話で伝えてもらうことで保護者も状況がよくわかるし，あなたの気持ちもすっきりするよ。私はこれまで，電話をしなくて後悔したことはあっても，電話をして後悔したことはないよ」

　子どもは，学校でトラブルがあっても，それを保護者に伝えないことがあります。思春期に差し掛かっている６年生ならなおさらです。その場合，後日になってその子の保護者は知り合いの保護者からそのトラブルについて初めて聞くことになり，「どうして先生はすぐに連絡してくれなかったのだろう」と，担任に不信感をもつ恐れがあります。そうしたことがないよう，担任からその日のうちに電話を入れ，状況や指導した内容をきちんと保護者に説明しておくことが大切です。

　私は，次のようなときに保護者に電話をします。
①友達とのトラブル（人間関係・物の破損・暴力など）の報告

②病気等で学校を欠席したときの体調確認・お見舞い

③学校での怪我や体調不良の報告

④泣いたり落ち込んだりして帰ったときの報告

⑤その子に対して気になることがあり，保護者の話を聞いたり協力を得たり
　したいときの相談

⑥その子のキラリと光る素敵な行動や，最近がんばっていることの報告

　トラブルがあったときだけ電話連絡をするのではなく，⑥のような嬉しい
報告をすることも信頼関係を築く上で大切だと感じています。

2　電話での話し方のポイント

　良かれと思って行った電話連絡ですが，言葉遣いや発言が不適切だと，逆
に保護者にマイナスの印象を与えてしまいます。保護者と電話で信頼関係を
築くためには，「話す内容をメモしておく」「明るい声で話す」「あいづちを
うつ」などはもちろんのこと，以下のポイントにも気を付けましょう。

---

❶ はじめにあいさつをし，名前を名乗る

→「お忙しいところ申し訳ございません。〇〇くんの担任の，〇〇小
　の浅野です」

❷ 用件を伝え，話をしてもよいかどうかを確認する

→「〜〜の件でお電話を差し上げたのですが，今，お時間は大丈夫で
　すか？」
　保護者の都合が悪いようなら，次のように伝えて一旦電話を切る。
　「では，また後程お電話いたします。よろしくお願いいたします。」

❸ 電話を切るときにお礼を伝える

→「お忙しいところ，本当にありがとうございました。今後とも，ど
　うぞよろしくお願いいたします。それでは，失礼いたします」

04 学級だよりを出して、子どもの様子を伝えよう

> **POINT**
>
> 「我が子の学校での様子を知りたい」という保護者のニーズに応える有効なツールが「学級だより」である。学級だよりを通して、子どもの学校での様子を保護者に伝え、信頼関係を築こう。

1 保護者は我が子の学校での様子を知りたがっている

p.167でも触れましたが、ベネッセと朝日新聞が共同で行っている「学校教育に対する保護者の意識調査」において、「子どもの学校での様子を保護者に伝える」ことを望んでいる保護者は、どの年の調査においても、なんと95%を超えます。すなわち保護者は、我が子の学校での様子を知りたがっているのです。それは、6年生であっても同じです。

そういった保護者のニーズに応える有効なツールが、学級だよりです。学級だよりを出すことで、子どもの学校での様子を保護者に伝えることができ、教師への信頼が高まります。保護者から、「思春期に入って、あまり学校のことを話さなくなってきたので、学級便りで学校での様子がわかって助かります」と感謝の言葉をいただくことも多くあります。

2 学級だよりのポイント

右ページが、私が発行している学級だよりの例です。子どもの学校での様子（主に授業や学校生活）について載せています。学級だよりに載せる内容は、刺身のネタと同じで生ものですので、新鮮なうちに（遅くても次の日に

は）載せることを心がけています。

　文章は，「少なく，読みやすく」がポイントです。子ども向けの文章と保護者向けの文章は分けて書いています。これは，子どもに読み聞かせをして，よさやがんばりを伝えるためです。（p.118参照）また，保護者に少しでも興味をもってもらうために，写真をたくさん載せています。写真つきで載せることで，子どもの活動の様子がよくわかります。

　これらの工夫により，忙しい保護者も時間をかけずにサッと読めることと，教師がすぐに作成できること（15分以内）をねらっています。数多く発行し，子どもの学校での様子を保護者に伝えて，信頼関係を築いていきます。

小6保護者対応

タイトルは、子どもに順番で文字と絵を書いてもらっています。

6年2組 学級だより
NO. 105
○○年 ○月○○日(木)

＜小学校最後の運動会の目標を決めたね！＞

　昨日は、運動会のクラス目標を決めたね。6－2の目標は、「輝け6－2魂！悔いのない運動会にしよう！」になったね。みんなが話し合っている様子を見ていて「すごいなあ」と思ったのは、「とてもいい雰囲気で話し合いをしていたこと」「全員が意見を出していたこと」「決まった後、自然に拍手が出て、『やるぞ！』『がんばろう！』と声をかけ合っていたこと」だよ。みんなのその姿、本当に素敵だよ。小学校最後の運動会が、みんなにとっていい思い出になるよう、先生もがんばるね。みんなで最高の運動会にしよう！

写真①	写真②
写真③	写真④

話し合いの様子。最後の運動会に向けて、みんなでがんばろう！

＜保護者の皆様へ＞

　明日から運動会練習が始まります。体操服・赤白帽子・汗拭きタオル・水筒のご準備をお願いします。子どもたちが決めた目標の通り、クラスで協力して、悔いの残らないように取り組んでいきたいと思います。

05 保護者からの意見・クレームへの対応の仕方

> **POINT**
>
> 「雨降って地固まる」という言葉がある通り，保護者からの意見・クレームは，信頼を得るチャンスでもある。意見・クレームに対して誠実な対応を行うことで，保護者と信頼関係を築こう。

1 保護者からの意見・クレームに対する捉え方

　私も3人の子どもの父親ですが，保護者の心理として，我が子の担任に意見やクレームを言うのは勇気がいるものです。誰しも人間関係を悪化させたくはありません。ましてや我が子の担任であればなおさらです。それでも意見・クレームを言うということは，保護者としてよっぽどの思いがそこにはあるのです。

　保護者からの意見・クレーム対応においては，まずはこうした保護者の気持ちを理解しようとする姿勢が大切です。p.166でも述べましたが，教師と保護者は，立場が違うだけで，子どもの健やかな成長を願う共育パートナーです。「雨降って地固まる」という言葉がある通り，保護者からの意見・クレームに対して誠実な対応を行うことで，信頼関係を築いていきましょう。

2 意見・クレーム対応のポイント

❶ 保護者の話を傾聴する

　意見・クレーム対応の基本として，保護者の話を「傾聴」することが大切です。傾聴とは，カウンセリングにおける技法で，「相手の気持ちに寄り添

って，共感的に話を聴く」ことです。

　まずは保護者に，話したいことを全て話してもらいます。その話の中で，身に覚えのないことや理不尽なことを言われたら，保護者の話を遮って「いや」「でも」「しかし」と反論したくなります。しかし，そうした反応をすると，火に油を注ぐことになりかねません。反論したくなる気持ちはわかりますが，まずは保護者の言い分を受け止めることが大切です。

　話し終わる頃には，思いや感情が吐き出されて，最初よりも落ち着いて冷静になるものです。傾聴して保護者の感情のコップを少なくしてから，丁寧に説明をしていきましょう。

❷ 確かな事実を伝え，具体的な解決策・改善策を提示する

　保護者の話をしっかりと聞いたら，事実をもとに，学校としての具体的な解決策・改善策を提示します。しかし，その場ですぐに答えるのは危険です。一旦話を持ち帰り，管理職や学年職員と相談しましょう。保護者には，「お話は承りました。お知らせくださり，ありがとうございます。管理職や学年職員と話し合い，早急にお返事させていただきます」と伝えます。

　この後時間が空いてしまうと，保護者の不信感を募らせてしまいます。すぐに事実確認を行い，事実をもとに解決策・改善策を考えて保護者に伝えるようにしましょう。

❸ 感謝の思いを伝える

　手立てを打ち，一通り事態が収束したら，保護者に電話をかけて次のように伝えます。「今回の件につきましては，○○さん（保護者の名前）が伝えてくださったおかげで，こうして対応することができました。○○さん，本当にありがとうございました。もしまた何かありましたら，遠慮なくお知らせください。今後とも，どうぞよろしくお願いいたします」

　意見・クレームを伝えた保護者としては，このように感謝の思いを伝えられると，悪い気はしません。このように保護者からの意見・クレームを信頼を得るチャンスとし，卒業に向けて良好な関係を築いていきましょう。

06 我が子が教師を信頼していることが第一

> **POINT**
>
> 保護者と信頼関係を築くためには，我が子が教師を信頼していることが第一。子どもと信頼関係を築くことで，保護者とも信頼関係を築こう。

1 我が子が教師を信頼しているか

　本章では，６年生の保護者への対応の仕方について述べてきました。保護者と良好な信頼関係を築くために，最後に伝えておきたいことがあります。それは，

> 　保護者と信頼関係を築くためには，我が子が教師を信頼していることが第一である

ということです。

2 保護者にとって重要なのは，「我が子がどう思っているのか」

　保護者は，「学校全体がどうか」「クラス全体がどうか」ということよりも，**「我が子がどう思っているのか」**ということを重要視しています。やはり気になるのは自分の子どものことなのです。

　我が子が家で，「先生のこと，好きだよ」「先生と話すの，楽しいんだよね」「相談に乗ってくれる」「学校が楽しい」などと笑顔で話し，担任のこと

を信頼して好意的に思っていることがわかると，保護者は安心し，教師を信頼します。多少トラブルやミスがあったとしても，「いつも我が子がお世話になっているから…」と温かく見守ってくれるでしょう。

しかし，それとは逆に，我が子が家で，「先生のこと，嫌い」「話を聞いてくれない」「相談したくない」「学校に行きたくない」などと暗い表情で話し，担任のことを信頼していないことがわかると，保護者は不安に思い，教師を信頼できず，不満につながります。トラブルやミスがあったときに，「一体どうなっているんですか」「うちの子は，先生は話を聞いてくれないと言っていますよ」と言われてしまう恐れがあります。

3 「子どもとの信頼関係」と「保護者との信頼関係」は密接に関連

このように考えると，第7章の「6年生との信頼関係の築き方」と本章の「小6保護者対応」は密接に関連していることがわかります。

子どもと教師の信頼関係が良好だと，そんな我が子の様子を見て，保護者も教師を信頼します。また，保護者と教師の信頼関係が良好だと，子どもにもそれが伝わり，その子の学校生活によい影響が出ます。この2つは車の両輪のように連動しており，前に進むための動力となります。

6年生は子どもにとって小学校最後の一年間です。子どもそして保護者と良好な信頼関係を築き，卒業までの日々を充実したものにしていきましょう。

【参考文献】

- 浅野英樹著『「子ども・保護者との信頼関係づくり」パーフェクトガイド』明治図書，2021年

- ベネッセ・朝日新聞「学校教育に対する保護者の意識調査」

- 「THE 教師力」編集委員会『THE 保護者対応 〜小学校編〜』明治図書，2015年

- 堀　裕嗣・大野睦仁編著『保護者対応すきまスキル70　小学校高学年編』明治図書，2020年

- ヴィヒャルト千佳こ著『保護者をクレーマーにしないために』ファストブック，2019年

あとがき

最後までお読みくださり、ありがとうございます。

本著はいかがでしたでしょうか。
私自身のこれまでの経験をもとに、6年生の子どもへの指導・実践及びそれに伴う「観」を紹介させていただきましたが、ほんの少しでも先生方の参考になりましたでしょうか。

先日、10数年前に6年生で受け持った教え子から連絡があり、久しぶりに当時のクラスのメンバーで集まりました。
今はみんな立派に成人して社会人になっており、近況報告や小学校時代の思い出話に花が咲きました。
「当時の学級便りや日記、俺まだ持ってますよ！」
「長縄のときの先生、怖かった〜！」
「先生、字に厳しかったよね」
「先生、〜〜のとき、誤解して○○くんを叱ったの覚えてる？」
「先生、オヤジギャグはまだ言ってますか？」
などなど、こちらが忘れているエピソードも多く、
「もうやめてくれ〜！」
と赤面することもあったのですが（苦笑）、
「なんだかんだあったけれど、楽しかったです」
「このクラスで卒業できてよかったです」
と言ってもらえて、とても嬉しい気持ちになりました。

このように、卒業した後も教え子と繋がっていられるのも、「卒業学年」「卒業したクラス」という6年生の役得だなと感じました。

　これからも、教え子との絆を大切にしていきたいと思います。

　今回、こうして指導・実践を本にまとめることができたのは、これまでに出会ってくれた子どもたち、そして保護者の皆様、勤務校や教育サークルの先生方など、多くの皆様のおかげです。

　関わってくださった全ての皆様に感謝申し上げます。

　また、このような貴重な執筆の機会をくださり、ずっと温かく励まし続けてくださった明治図書出版の及川　誠さん、校正を担当してくださった安田皓哉さん、本当にありがとうございました。

　お二人のおかげで、自分の「観」と、それに伴う6年生への「指導・実践」をじっくりと見つめ直し、こうして一冊の本にまとめることができました。

　最後になりましたが、本著が1人でも多くの子どもそして先生方の「幸せ」につながることを、心より願っております。

令和7年3月

浅野　英樹

【著者紹介】

浅野　英樹（あさの　ひでき）

公立小学校教員。アメリカ合衆国日本人学校での勤務や千葉大学教育学部委託研究性（国語教育学）としての勤務等を経験。市内の初任者研修・中堅教諭等資質向上研修の講師や，市内・市外小学校の国語科校内研究の講師を務めている。

〔著書〕『「小1担任」パーフェクトガイド』『授業をアクティブにする！365日の工夫　小学2年』『「子ども・保護者との信頼関係づくり」パーフェクトガイド』『ピンポイント解説でよくわかる！小学校国語授業のつくり方』（以上，明治図書）

〔共著〕『いじめに強いクラスづくり』『信頼感で子どもとつながる学級づくり』『クラスがまとまる！協働力を高める活動づくり』『ＴＨＥ　国語科授業開きネタ集』『学年別学級開き＆学級じまいアクティビティ50』『小学校学級開き大事典』『どの子も輝く！通知表の書き方＆所見文例集』『小学1・2年担任のための学校あそび大事典』（以上，明治図書）他にも多数。

〔その他〕2018年度『授業力＆学級経営力』（明治図書）にて，「今月の学級経営ネタ」を年間連載執筆。『教育技術』（小学館）などでも記事を執筆している。

学級経営サポートBOOKS
「小6担任」パーフェクトガイド

2025年3月初版第1刷刊	©著　者	浅　　野　　英　　樹
	発行者	藤　　原　　光　　政
	発行所	明治図書出版株式会社

http://www.meijitosho.co.jp
（企画）及川　誠（校正）安田皓哉
〒114-0023　東京都北区滝野川7-46-1
振替00160-5-151318　電話03(5907)6703
ご注文窓口　電話03(5907)6668

＊検印省略　　　　　　組版所　株式会社カシヨ

本書の無断コピーは，著作権・出版権にふれます。ご注意ください。

Printed in Japan　　　　ISBN978-4-18-465229-3
もれなくクーポンがもらえる！読者アンケートはこちらから→

教師と保護者ための
子どもの学び×ＡＩ入門

福原 将之 著

子どもたちが将来ＡＩ格差に陥ることなく幸せに生きるために，私たちが今出来ることとは？教育における生成ＡＩの基礎基本と活用ポイントをまとめたトリセツに加え，最新の教育活用事例を取材をもとに詳しく解説します。ＡＩ時代の教師と保護者にとって必携の一冊です。

Ａ５判 160 ページ／定価 2,046 円(10% 税込)
図書番号 3141

令和型不登校対応マップ
ゼロからわかる予防と支援ガイド

千葉 孝司 著

近年また増加傾向にあると言われる不登校。コロナ禍やＳＮＳの影響など，不登校の原因も社会情勢や環境の変化により多様化してきています。正解がない令和ならではの不登校対応について，教師と子どもの場面別の会話例も入れて解説しました。明日の道標となる１冊です。

Ａ５判 144 ページ／定価 2,046 円(10% 税込)
図書番号 2411

『学び合い』
誰一人見捨てない教育論

西川 純 著

「一人も見捨てない」教育は，『学び合い』でどのように実現出来るのか。その基礎基本からつまずくポイント，読者からの疑問に応えるＱ＆Ａから『学び合い』の応用法，活かし方までを１冊にまとめました。個別最適な学びを目指すこれからの教育に必携の書です。

Ａ５判 176 ページ／定価 2,266 円(10% 税込)
図書番号 2634

苦手でもできる！
ＩＣＴ＆ＡＩ活用超入門
個別最適な授業づくりから仕事術まで

朝倉 一民 著

ＩＣＴやＡＩって言われても…という先生も必見！授業での子どものやる気向上と校務の効率化を実現する！！ＩＣＴ＆ＡＩ活用はじめの一歩。個別最適な学びを目指した一斉学習・個別学習・協働学習での活用法から学年別ＩＣＴ授業プラン，校務で活用する仕事術までを紹介。

Ａ５判 152 ページ／定価 2,266 円(10% 税込)
図書番号 1633

明治図書　携帯・スマートフォンからは　明治図書ＯＮＬＩＮＥへ　書籍の検索、注文ができます。▶▶▶

http://www.meijitosho.co.jp　＊併記4桁の図書番号（英数字）で、HP、携帯での検索・注文が簡単に行えます。

〒114-0023　東京都北区滝野川 7-46-1　ご注文窓口　TEL 03-5907-6668　FAX 050-3383-4991

Shared Leadership
シェアド・リーダーシップで学級経営改革

赤坂真二・水流卓哉 著

「シェアド・リーダーシップ」で誰もが活躍できる学級に!

「シェアド・リーダーシップ」は、それぞれの得意分野に応じて必要なときにリーダーシップを発揮する考え方です。能力に凸凹のある子ども達が、それぞれの強みを生かしてリーダーシップを発揮していける「全員がリーダーになり活躍できる」学級経営の秘訣が満載です。

A5判 216頁
定価2,486円(10%税込)
図書番号 4209

明日も行きたい教室づくり
クラス会議で育てる心理的安全性

赤坂真二 著

教室全体を、明日も行きたくなる「大きな安全基地」に!

いじめや不登校、学級の荒れなど教室に不安を抱える児童生徒は少なくありません。子どもが明日も行きたくなる教室づくりに必要なのは「心理的安全性」です。アドラー心理学の考え方に基づくアプローチとクラス会議を活用した「安全基地」としての教室づくりアイデア。

A5判 208頁
定価2,376円(10%税込)
図書番号 3292

人間関係形成能力を育てる
学級経営365日ガイドブック

1年 2年 3年 4年 5年 6年

赤坂真二・髙橋朋彦・宇野弘恵・深井正道・松下 崇・岡田順子・北森 恵 著

学級づくりの必読書

図書番号 3721～3726
A5判 168頁～208頁
定価2,376円～2,486円(10%税込)

☆人気著者が学年別に1年間365日の学級づくりのポイントを徹底解説!
☆人間関係形成能力をキーワードに、月ごとの学級づくりの具体的な取り組みを直伝!

人間関係形成能力を育て、学びやすく居心地のいいクラスづくりへ!子どもたちの「つながる力」を引き出すことで、学級は最高のチームになります。各学年別に、1年間365日の学級づくりについて、月ごとのポイントをまとめてわかりやすく解説した学級担任必携の書です。

明治図書 携帯・スマートフォンからは **明治図書ONLINEへ** 書籍の検索、注文ができます。▶▶▶

http://www.meijitosho.co.jp *併記4桁の図書番号(英数字)でHP、携帯での検索・注文が簡単に行えます。

〒114-0023 東京都北区滝野川7-46-1 ご注文窓口 TEL 03-5907-6668 FAX 050-3156-2790

個別最適な学び×ロイロノート 複線型の学びを生み出す 授業デザイン 小学校編

吉金 佳能・宗實直樹 編著

ロイロノートを活用すればここまで出来る！「学習の複線化」をキーワードとした「個別最適な学び」実践集。すべての実践事例に「単元デザイン案」を入れ、単元を通してどのように「指導の個別化」と「学習の個性化」を図るか、その授業づくりを具体的に提案しました。

Ａ５判 152ページ／定価 2,376円(10％税込)
図書番号 1694

個別最適な学び× 協働的な学び× ＩＣＴ「超」入門

佐々木 潤 著

２０２２年発刊のベストセラー『個別最適な学び×協働的な学び×ＩＣＴ入門』、待望の第２弾。「個別最適な学び×協働的な学び×ＩＣＴ」を公立学校でも成功させるポイントを、はじめの一歩から各教科の授業デザイン、取り組んだ先生の体験談からＱ＆Ａまでを１冊に。

Ａ５判 192ページ／定価 2,376円(10％税込)
図書番号 2135

「発問」のデザイン 子どもの主体性を育む 発想と技術

宗實 直樹 著

子どもたちが主体的な学びを実現するための発問づくりの考え方と技術とは？発問の基礎基本からその分類と組織化の方法、「良い発問」の条件から見方・考え方を育てる発問のつくり方、子どもの思考を揺さぶる発問から授業展開まで。発問づくりの秘訣を凝縮した１冊です。

Ａ５判 200ページ／定価 2,486円(10％税込)
図書番号 2399

学習指導案の理論と方法

米田 豊・植田真夕子 著

「なぜ学習指導案を書くのか？」教材観や指導観を基盤とした確かな学習指導案の理論と方法。目標の記述から単元の指導計画、研究主題との関連から単元の構造図のとらえ、指導過程から板書計画、評価規準まで。具体的な指導案と授業実践モデルで詳しく解説しました。

Ａ５判 160ページ／定価 1,980円(10％税込)
図書番号 0218

明治図書　携帯・スマートフォンからは 明治図書 ONLINEへ　書籍の検索、注文ができます。
http://www.meijitosho.co.jp　＊併記4桁の図書番号（英数字）で、HP、携帯での検索・注文が簡単に行えます。
〒114-0023 東京都北区滝野川7-46-1　ご注文窓口　TEL 03-5907-6668　FAX 050-3383-4991